「ポピュラーカルチャー論」講義
──時代意識の社会学──

片上平二郎 著

晃洋書房

目次

第2回 文化≒コミュニケーション
――インターネットは「ポピュラーカルチャー」たりえるのか？――　31

第4回　トレンディ！な空間　85

第8回 「私たちの歌」と「みんなの歌」
――フォーク・ソングの変遷――　207

最終回 ふたたび現在のポピュラーカルチャーを考える

第1回 イントロダクション
——文化の楽しさ、社会学の楽しさ——

[1] 〝楽しい〟文化を考えること
——「みんな」の文化という見方——

この本は、講義録形式で、日本における「ポピュラーカルチャー」を年代を遡りながら取りあげ、それらを分析しながら、その背景にある「時代意識」というものについて考えていく本です。「ポピュラーカルチャー」というのは基本的に、多くの人々の夢やあこがれを背負った楽しいものです。ですから、その〝楽しさ〟を、むずかしい言葉で押し潰してしまうようなことはできるだけ避けて、その〝楽しさ〟を活かしながら、考えていくことをしたいと思っています。そのため、できるだけ、くだけた口調なども含めたかたちで、講義をしていきたいと思います。実際のところ、楽しく学問を語るということは、とてもむずかしいことではありますが、なんとか、がんばってやってみたいと思います。

あとで詳しくこの言葉について考察していきますが、この講義の中では「ポピュラーカルチャー」とは、基本的に、ある社会において、「みんな」がそれに親しんでいると想定される文化のことを指しています。そんな文化は単なる娯楽物とされて、軽く考えられがちなものかもしれませんが、それゆえに、その中にはその社会を生きる人々が持っているあこがれや夢が詰まってもいます。この講義では、一見、軽いものに見られがちな「ポピュラーカルチャー」の中に折りたたまれている、それらの夢やあこがれをていねいに取り出しながら、そのような夢やあこがれを抱えた社会がどんなものであるのかということについて考えていきたいと思います。

社会学には「社会意識論」という分野があります。これは、さまざまな方法で、ある社会を生きる人たちが共通に持った意識、つまり「社会意識」を取り出そうとする学問分野です。それは統計などの手法を通じて、ある社会の傾向を抽出するようなかたちで行われることもあるのですが、この講義の中では、日本社会の「みんな」に共有されたと考えられる「ポピュラーカルチャー」を分析することで、その社会に共有された「社会意識」や「時代意識」というものを取り出してみます。

いま、「みんな」という言葉を使いました。実際のところ、この「みんな」という言葉を考えることはとてもむずかしいことです。というよりも、厳密な意味ではそれをつかみとることは不可能なことでしょう。ある「ポピュラーカルチャー」が、社会のメンバー「みんな」に等しく愛されているということなどはありません。必ずそれを、大好きな人もいれば、大嫌いな人もいるはずです。厳密に考えるのであれば、「ポピュラーカルチャー」は「みんなの文化」ということを意味してはいません。むしろ、感覚としての「みんな」を前提として、成立している文化という程度のものでしょう。クラスや会社で会話する時に、基本的には共通の話題として出しても大丈夫かな、という程度の。

これは先に出した「社会意識」や「時代意識」についても同じことです。「社会」や「時代」は当然、人間ではないので、それ自体が「意識」を持つことはありません。そのため、ある社会の「多くの人」に共有されていると考えられている「意識」が、「社会意識」であると想定されることになるといったところでしょう。「多くの人」は「みんな」を意味するものではありません。厳密に「社会意識」が「社会のメンバー全員」の「意識」を指すわけではないのです。これもまた、感覚として「社会」に共有された「意識」と、人々が〝思い込んでいる〟といった程度のものでしょう。

この点はとてもむずかしいところです。特にこの問題は近年、人々の趣味や志向が多様化して、個々人の間の違いが大きくなり（これはもしかしたら、表面上だけのことかもしれませんが）、「みんな」というものが想定しにくくなったことによって、さらにむずかしいものとなっています。そのため、最近はあまり「社会意識論」という言葉は使われなくなってもいます。

それと結びついて、過去に行われてきた「社会意識論」的研究についても、その手法的なあいまいさが指摘されるようにもなっています。たとえば、見田宗介という人は、一九六〇年代に、新聞の人生相談やベストセラー小説の傾向などを分析しながら、当時の日本社会の「社会意識」を考えることを行ってきました。そのような作業のやり方に対して、質的データの「名人芸」的読解と呼ばれることがあります。専門的な学術誌とは違う媒体に向けて書かれることが多かったこともあり、他の人がやっても同じ結果にたどりつくのかどうかとか、文体やレトリックに依拠してなりたっていて、厳密な学問的な方法論としては確立していないのではないかとか、そのような批判も存在しています。つまり、「科学」ではなく、「文学」に寄ったものとして見られることも多いところがあります。「科学的」な再現可能性を欠いた「社会評論」や「社会学的エッセイ」のようなものになってしまいがちだ、という見られ方ですね。「社会意識論」は、「社会学」と「社会評論」との中間的な場所で行われることが多いものでもあったのです。

そのような「社会意識論」に対する見方に従って、現在、この分野はあまり目立ったものではなくなっていますし、また、「社会意識論」的研究が行われる際にも、統計などの手法で可能な限り「科学」に近づけて行われることが多くなってきています。(1) いかに解釈の恣意性や暴力性を、回避するかということが強く意識されるようになってきました。

これは社会学が一つの「社会科学」であるという意味では、〝正しい〟方向ではあるとぼくも思います。ただ、そのことにどこかでさびしさのようなものを感じることもあります。どうにも、自分は〝懐かしき〟「社会意識論」や〝乱暴な〟「社会評論」みたいなものに愛着があるようです。初学者の頃、「社会学」という学問の魅力をそこから自分が学んでいったという経緯もありますし。

そこでこの講義の中では、いささか野蛮に、昔ながらの「社会意識論」のようなものをもう一度やってみたいという気分があります。それがこの本の副題を「時代意識の社会学」としたことの意味です。この本がどこまでそれに成功するのかはわかりませんが、過去にありえた「社会意識論」というものの、自分なりの引継ぎ方を意識してみたいと思っています。「ポピュラーカルチャー」という「みんな」の文化を素材に、「社会の意識」について考えてみます。

そして、その際に現在から過去にさかのぼりながら、「ポピュラーカルチャー」を見ていくという語り方をしていきます。なぜそうするのかというと、過去に行くにしたがって、まだ「みんな」という感覚が残っているような気がするからです。直接的に「現在」を考えようとすると、この時代における「みんな」という感覚のとらえがたさばかりが感じられてしまいます。「現在」というのはとてもわかりにくい時代です。だから、一度、過去にさかのぼりながら、「みんな」という感覚がまだ信じられた時代というものを追ってみていきたいと思います。それぞれの時代にはどのような「みんな」の感覚があったのかを考えて、そこからもう一度、「現在」に戻ってきて、考えていければよいなと思います。

「文化」とはタイムカプセルのようなものでもあります。そこで、過去にあったいくつかの「ポピュラーカルチャー」について調べていきながら、それをタイムカプセルのように開封しながら、その中に入っていた「社会意識」をとりだしていきます。そして、それらとの対比の中で、「現在」についても見えてくることもあるでしょう。

［2］斜めから見るということ
――社会学という視点から――

ただし、ここで断っておくと、ぼく自身は「ポピュラーカルチャー」を集中して研究している人間ではありません。普段は主にテオドール・W・アドルノという人の思想を中心に「理論社会学」について研究しています。ある程度、社会学や哲学なんかに詳しい人がいたら、え!?と思うかもしれません。というのも、アドルノという人は、はっきりと「ポピュラーカルチャー」や「大衆文化」に対して批判的な人物なのです（周囲の人に、いま「ポピュラーカルチャー論」の本を書いていると言ったら、冗談交じりで「裏切り者！」とからかわれたりもしました）。

一九〇三年に生まれたアドルノは若き日にクラシック音楽（そして、その中でも難解な音楽といわれる新ウィーン学派と呼ばれる音楽）の作曲家を目指していた人物で、教養主義的な文化、いわゆる「ハイカルチャー」を愛好していた人物です。そして、彼は二〇世紀半ばの社会で、徐々に「大衆文化」が力を持つ状況が訪れたことに苛立ちを感じていました。そこで「文化産業」という言葉を使って、それら「大衆文化」の商業的性格を強く批判します。

彼にとって、「芸術」や「文化」というものは、社会から一定の距離をとった場所にあり、社会に対して、批判的な視点や超越的な視点をもたらすものとしてありました。にもかかわらず、資本主義が高度に発達した二〇世紀社会では、その「芸術」や「文化」までもが「商品」となってしまい、それが〝いかに美しいか〞や〝いかに偉大であるか〞よりも、それが〝どのようにすれば売れるのか〞ということが重要視されるようになってしまいました。アドルノからすれば、それは「芸術」の中核にあるべき理想が、お金で売り渡されていくように感じられたのです。だから、彼は「文化」と「産業」という彼にとって、相反する二つの言葉を並べて「文化産業」という言葉をつくりだし、彼にとってグロテスクにも感じられる文化状況、時代状況に批判を試みようとしました。そのような考察の中で、ジャズに代表される当時の〝新しい〞「ポピュラーカルチャー」に対する激しい批判的分析も行われています。

アドルノは、当時、新たに勃興した「大衆文化」や「ポピュラーカルチャー」といったものに対する批判に理論的な根拠を生み出そうとした最初期の人物なのです。彼の語り口の中には、「大衆文化」や「ポピュラーカルチャー」への軽蔑的な感覚のようなものも入りこんでいます。アドルノに言わせれば、「ポピュラーカルチャー」の表面的な〝楽しさ〟なんてものは、人々を騙して、資本主義的な社会に人々を閉じ込める道具に過ぎません。ぼくが専門的に研究している人物はこんな人物です。

そして、アドルノとは少々、方向性が違うのですが、ぼくの個人的な趣味の方向性も「ポピュラーカルチャー」的な傾向に寄ったものではありません。古い映画を観たり、あまり人が知らないような音楽を聴いたり、現代美術を見て回ったりといったように、「ポピュラー」なものに背を向けて「マイナー」に向かってしまうようなひねくれた部分があります。普段、テレビもあまり見ていません。〝テレビを見ない〟とか聞いてもいないのにしゃべってくる人がたまにいますが、基本的にそのタイプに属します（苦笑）。いわゆる「サブカルチャー」好みなところが自分にはあります（この辺りの用語については次節で説明します）。アドルノのように強い批判的な意識を持っているわけではないのですが、それでも、単純に好みとして「ポピュラーカルチャー」からやや離れたところにぼく個人の趣味はあります。

「学問」分野の面でも、「日常」の趣味的な面でも、ぼくは「ポピュラーカルチャー」とは相性が良いとはいえません。いきなり冒頭でそんなことを宣言されても困ると思われるかもしれませんが、ただ、そういう立場だからこそ、「社会学」的に「ポピュラーカルチャー」を論じるのに、適した部分があるようにも思っています。

「社会学」って基本的に〝ひねくれた〟ところがある学問だと思っているところが自分の中にはあ

ります。「社会」の中にいながらも、その「社会」に対してどこか外側に立ったような視点を構築して、そこから「社会」を考えようとする。「社会学」という学問は、「社会」の内だか、外だか、わからないような場所から行われる学問です。よく「常識や自明性を疑う学問」と紹介されますが、それも「社会学」のひねくれ方がはっきりと出た言葉だと思います。

「文化」について語っていると、しばしば、それが「好きなものへの愛情語り」のようなものになってしまうところがありますよね。冷静に語っているつもりでも、気が付くと、熱く語ってしまっている、そんなことはよくあります。客観的に語っているつもりでも、端から見れば「信仰告白」じみたものになってしまっていることもよくあります。そのこと自体は否定すべきことではなく、それを〝熱く〟語ることもまた、「文化」の〝楽しさ〟に内在したものであると思います。ただ、その〝熱さ〟は、「分析する」ということとは実は相性がよくありません。〝熱く愛を語ること〟と〝クールに分析すること〟を両立するのはかなりむずかしいことです。

そんな中、「ポピュラーカルチャー」に対する自分の〝ひねくれ方〟は相対的に使える「道具」なのではないかと思いました。〝ひねくれること〟が自己目的化してしまうと、「文化」が持つ〝楽しさ〟をシニカルに見ることになってしまい、それはそれであやういところがありますが、自覚的に使えば、それはある程度、「文化語り」の〝熱さ〟に対する相対化の装置として使うことができるような気もします。「ポピュラーカルチャー」の楽しさから半分外側に立つことで、〝ひねくれ〟と〝楽しさ〟の間を行ったり来たりしながら、「ポピュラーカルチャー」を眺めていくことを目標としていきます。そこまで深く「ポピュラーカルチャー」の楽しさに浸っていない（ただし、当然、完全に自分がその外にあるわけでもありません）自分だからこそ、〝楽しさ〟をある程度、外側から語ることができるのではないかと思います。

この講義を通じて、「ポピュラーカルチャー」の内側で感じられる〝楽しさ〟を、斜めから見ることで、別の〝楽しさ〟に移しかえることできたら、うれしいですね。そういう場所をなんとかがんばってつくっていきたいと思います。「日常」の〝楽しさ〟にからめとられてしまうと見失ってしまうことを拾っていくこと、そんな作業が自分にとっての「社会学」という学問の〝楽しさ〟でもあります。そんな次第で、「ポピュラーカルチャー」の〝楽しさ〟を描き出すことで、それとは質が違う「社会学」的にものを見ることの〝楽しさ〟も伝えていきたいなと思っています。その意味では、この講義は「ポピュラーカルチャー」を分析することを通じて、「社会学」という学問の魅力を伝えていくものでもあると思っています。

［3］「ポピュラーカルチャー」という言葉
――比べながら考える――

さて、ここで、この講義の中で扱う「ポピュラーカルチャー」という言葉の中身について、もう少し考えてみましょう。社会学の中には多くの「ポピュラーカルチャー」研究の蓄積があります。たとえば、一九七〇年代後半にイギリスで始まった「カルチュラルスタディーズ」という、「サブカルチャー」や「ポピュラーカルチャー」に関する研究を学問的俎上にのせるための方法論だけでも、いままでは相当な量の研究蓄積があります。社会学やカルチュラルスタディーズにおける「ポピュラーカルチャー」研究はおもしろいものも多く、ぼくもさまざまに影響を受けてきたのですが、今回は直接的に言及することはしません（当然、その影響はさまざまなかたちでこの本の中に出ているはずです）。

なぜかといえば、理由は二つあります。一つ目の理由は、先にも話したようにこの本では、「ポピュラーカルチャー」を通じて「社会意識」や「時代意識」を取り出すという作業を主な目標にしているため、これまで行われてきた多くの「ポピュラーカルチャー」研究が精緻化しようとしてきた方向とはいささか違うことをしようとしているからです。もう一つの理由としては、欧米で想定されてきた「popular culture」という言葉と、日本で使われている「ポピュラーカルチャー」というカタカナ言葉との間に微妙なズレを感じることがあります。この講義の中では、日本の「社会意識」や「時代意識」を取り出すという目的があるので、日常的な使用法であるカタカナ言葉としての「ポピュラーカルチャー」が持つ感覚の中で考察を行ってみたいと考えているのです。そこで、英語的な「popular culture」という語感に依拠して行われてきた欧米圏の議論の枠組を直接的に参照することは避けようと考えました。

言葉に関する問題は多くの場合、とても微妙な感覚を含んでいるものであり、その微妙な感覚を正しく言語化することは非常にむずかしいのですが、少しでも精密に考えるためにも、日本語における「ポピュラーカルチャー」という言葉を、いくつかの「文化」について語った他の言葉と対比させながら考えてみます。いくつかの言葉との間の微妙な差異を並べていくことで、「ポピュラーカルチャー」という、日常の中であたかもわかったもののように使われながらも、いざ説明しようとすると困ってしまう言葉の意味をもう少しくっきりとしたものにしてみたいと思います。そこからこの講義なりの「ポピュラーカルチャー」という言葉の使い方を考えていきましょう。

・ポピュラーカルチャー：マスカルチャー

「popular culture」という英語はしばしば「大衆文化」と訳されます。ただ、厄介なことに、もう一つ、「mass culture」という言葉もよく「大衆文化」と訳されるんですよね。「popular」とは「広く行きわたった」とか「人気のある」、「一般人向けの」とかそういう意味を持つ英語です。それに対して、「mass」は「かたまりの」とか「多くの」とかいった意味を含む言葉で、そこから「大衆」という意味も登場しています。どちらも現代社会における「一般性」や「多数派」を示す言葉ではあるのですが、前者は肯定的、ないしは中立的な感覚を持っているのに対して、後者は「かたまりの」という意味に見られるように、個性が失われたといった否定的な感覚を持っている言葉です。「mass culture」という言葉は、アドルノが「文化産業」という言葉で表現しようとした、受動性が強いかたちで消費される文化の感触が強くうかがえます。「popular culture」という言葉と「mass culture」は違う事象を指しているというよりも、むしろ、同一事象に対する観察する側の態度の違いを表している言葉かもしれない。だから、同じ「大衆文化」という日本語で訳されるのでしょう。

ですが、このように「popular culture」と「mass culture」という微妙に違う感覚を伴った言葉が、同じ言葉で訳されてしまうことはいささかに厄介なことです。とりあえず、この講義では「大衆文化」という言葉を「mass culture」という否定的な語感のある言葉と対応させて、「ポピュラーカルチャー」という言葉をそれよりも中立的なかたちで「みんな」という感覚を内包した文化として考えてみたいと思います。良い意味でも悪い意味でもなく、単に「みんな」が親しんでいると想定された文化くらいの意味で見てみます。

・ポピュラーカルチャー：ハイカルチャー

社会の主流にある文化のことを「メインカルチャー（主流文化）」と言います。「ポピュラーカルチャー」は「みんな」という主流的な感覚で裏打ちされた文化であるので「メインカルチャー」と言ってよいものであるでしょう。ただし他にも、社会的に中心的な文化を意味する用語があります。それは「ハイカルチャー（上位文化、高級文化）」です。「ハイカルチャー」というのは、知識や教養ある層が受容するような文化で、それを受容する人々の数が少数であったとしても（そして、少数であるがゆえに）、権威ある存在として、社会的に承認されています。たとえば、クラシック音楽とか、古典絵画、文学史上の名作なんかがそうですね。これらは実際にそれを享受している人はそれほど多くないのに、文化の主流であるかのように語られることが多いです。

「メイン」という感覚の中には、量的に主流である「ポピュラーカルチャー」と、質的な意味で主流であるとされる「ハイカルチャー」の二つがあります。こう見ると、「メイン＝主流」という言葉も複雑ですね。「ハイカルチャー」とは違い、「ポピュラーカルチャー」というのは、権威化されるのとは別のかたちで、社会の主流を形成している文化のことを言います。その主流性を確保するのが「みんな」という感覚です。

・ポピュラーカルチャー：民衆文化

同じように社会の大多数が共有しているような文化に「民衆文化（≒folk culture）」というものがあります。いま「≒」で「folk culture」とつなぎましたが、これも日本語と英語の間で微妙な差が入る言葉かもしれません。「民衆文化」は、人々の日々の生活の中に根付くかたちで共有されたものといった感覚を持つ言葉でしょう。たとえば、子供のじゃんけん遊びとか、子守唄とか、祭りとか、そういうものをイメージすればよいと思います。鶴見俊輔は芸術と生活の混じり合う場所にある文化を「限界芸術」という言葉で呼んでいますが、この言葉と「民衆文化」とを重ねて考えることもできるでしょう。

「民衆文化」もまた、「ポピュラーカルチャー」と同じように「みんな」が共有していることを前提としたものです。ただし、「民衆文化」が漢字で、「ポピュラーカルチャー」がカタカナで表記されることに象徴されるように、やはりそこには違いがあります。「民衆文化」はある種の土着性と結びつけられるように、人々の生活の中で受け継がれ、培われてきたような感覚を強くもつ言葉です。生活との距離感がきわめて小さく、生活と一体化したようなかたちで存在しています。それに対して、「ポピュラーカルチャー」は現代社会の中で「マスメディア」などを介して、人為的に人々に共有されることになった文化です。人々は決して、強制的にそれを植え付けられているわけではありませんが、かといって、生活の中から自然に立ち上がってきた文化でもありません。そして、実生活とはある程度の距離があるかたちで消費されていきます。「民衆文化」が伝統文化との関連が強いものであるとしたら、「ポピュラーカルチャー」は現代社会やメディア文化との関連が強いものであると考えられます。この講義では、「ポピュラーカルチャー」を「メディア」と強くからみあったものとして見てみましょう。

・ポピュラーカルチャー：サブカルチャー

このように「ポピュラーカルチャー」という言葉は現代社会とのからみが強いものですが、その意味では「サブカルチャー」という言葉との関係も気になるところかもしれません。「サブカルチャー」もまた、現代社会や都市文化と深く絡んだ存在です。

「サブカルチャー」という言葉こそ、非常にむずかしいもので、一つの言葉の中にさまざまな意味が放り込まれてしまっているようにも感じるのですが[(2)]、とりあえず、今回は「サブ」という語感を強調して考えてみたいと思います。「サブカルチャー」とはある部分においては、「ハイカルチャー（教養文化）」に対抗するものであり、また、ある部分では「メインカルチャー（主流文化）」に対抗するものであります。つまり、「教養」に対して〝立派ではないもの〟という意味で「サブ」であるし、「メイン」に対しては、〝一部の人の〟という意味で「サブ」であるわけですね。ロックとかマンガとか、そういう世の中全体では誉められた扱いを受けるわけでもないし、社会の人全部が享受しているわけでもないような文化を「サブカルチャー」と言います。

そして、この「教養」や「メイン」に対する「対抗」という側面が強まり、それらへの対立を強く押した出した場合は、「カウンターカルチャー（対抗文化）」という呼ばれ方をすることもあります。社会通念に反抗するロックやアングラカルチャーのように、「みんな」に対して、〝NO！〟を強く押し出すような文化ですね。

「サブカルチャー」も「カウンターカルチャー」も、「みんな」から切り離された「われわれ」や「わたし」を志向するところがあります。その意味では、「みんな」を前提とした「ポピュラーカルチャー」とは違うところがあります。

ただ、いかんせん、この「ポピュラーカルチャー」と「サブカルチャー」の違いを考えていくと、いささかむずかしい問題が生じてきます。「サブカルチャー」も、時に、若い世代の〝みんな〟とか大学生の〝みんな〟とか、ある限定された層の〝みんな〟の文化になってしまうことが多いという問題です。「文化」を享受する人間って、基本的には時間に余裕がある若者とか学生が多いわけで、そこにおける〝みんな〟の文化になってしまうと、その「サブカルチャー」は、限りなく「ポピュラーカルチャー」に近い感触を持ったものになってしまいます。若い人の間で流行れば、それがメディアで取りあげられ、あたかもある社会で共有された文化のように見えてしまうことがしばしばあります。そういう意味では、実際の現象を考えると、「ポピュラーカルチャー」と「サブカルチャー」の境界がよく見えなくなってしまうことがありますが、この問題はいま掘り下げると話が込み入ってしまうので、次節でもう少し掘り下げていこうと思います。

いくつか問題含みのところもありましたが、「ハイカルチャー」、「民衆文化」、「サブカルチャー」、「マスカルチャー」という四つの言葉との比較を通じて、「ポピュラーカルチャー」という言葉について考えてきました。これらを総合すると、「ポピュラーカルチャー」という言葉を、1「権威を伴わないかたちで社会の中で共有され」、2「メディアが強い力を持った現代社会特有の」、3「一部の人ではない『みんな』の中にある」文化を、4「否定的ではないかたちでとらえようとするための」言葉として、見ることができる気がします。他にも定義の仕方はいろいろあるでしょうが、今回の講義全体の中では、「ポピュラーカルチャー」をこのような定義の中で考えていきたいと思います。

より単純化してしまえば、「現代社会において〝みんな〟が〝楽しみながら〟享受している文化」のことを指しているというまとめ方をしても良いでしょう。たぶん、このように考えておくと、みなさんが興味のある文化の話題をこの授業の中に取り込んで話すこともできるでしょう。

ざっくばらんに言えば、この社会における「みんな」の文化が「ポピュラーカルチャー」ということです。であるとしたら、ある現象が「ポピュラーカルチャー」であるかどうかを判別する手段をどのように考えたらよいのでしょうか。定義を用意した場合は、それに合致するかどうかを確認する作業が重要なものとなってくるはずです。

ここも本来、厳密化する必要がある部分なのかもしれませんが、今回は講義というスタイルもあり、先ほど話したぼく自身の〝「ポピュラーカルチャー」からの感覚的な遠さ〟を利用してしまおうと思います。どういうことかといえば、〝テレビもろくに見ない自分がそれでも知っているのならば、それは自分に届くくらい「ポピュラーなもの」であるだろう〟というゆるい基準でまず考えてしまおうと思うのです。〝遠い〟がゆえに、〝調べて考える〟という学問的な常識をふまえることをせざるをえませんし。〝知っている〟という意識は往々にして調べることや考えることをおろそかにしてしまいます。

〝実際には見たことも聞いたこともないのに、知っている〟というのは案外重要なことです。たとえば、数年前であれば、テレビドラマの『あまちゃん』を見ていなくても〝じぇじぇじぇ〟という言葉は知っていたし、『半沢直樹』を見ていなくても〝倍返しだ！〟という言葉を知っていました（ちなみにいま、ドラマのタイトルを忘れていて、「倍返しだ！」でネット検索をしました。タイトルを忘れていても、この言葉を覚えているくらい〝一般的な〟言葉になっていたわけです）。他にも予備校のＣＭの「今でしょ！」とかもありましたよね。これ、当時は授業中に、学生のみなさんが知っているだろうことを前提に、説明もせずに笑いをとるために使っていたことがあります。そして、今も、これらの言葉を例として用いているのは、たぶん、みなさんが〝共通して知っている〟という前提があるからです。会社や学校で、「みんな」が知っている前提で、説明抜きで使っても大丈夫であろうというようなものが、「ポピュラーカルチャー」であるのだと思います。ですから、現物は見たことも聞いたこともないのに、なぜか、自分が知っている、そんなことを基準にして、この講義の中で「ポピュラーカルチャー」として扱う素材を選んでいきたいと思います。この社会を普通に生きていると、なぜだか、自然に身についてしまうような文化こそが「ポピュラーカルチャー」であるというわけです。

〔4〕「ポピュラー」の不在？「みんな」の不在？

ただし、問題なのは、「現在」についてです。「現在」の「ポピュラーカルチャー」って一体なんなのでしょうか？　しばしば、「現在」は「アニメ」や「アイドル」の時代であるなどと語られています。だとしたら、それらが「現在」の「ポピュラーカルチャー」なのでしょうか？　でも、そう考えることはなんとなく座りが悪いようにも思います。

実際、「アニメ」が流行っているらしいことは知られているし、かなりの多くの大学生が見ているようにも感じられるのですが（一昔前だったら、これはかなり信じられないことです。「アニメ」を見る大学生というのは、ぼくの学生時代はまだ〝特殊な〟層であるという実感がありました）、かといって、いまテレビで放送されている個々の作品名をあげろと言われたら困ってしまうところがあります。みなさんに聞いても、あげられる人も多数いるでしょうが、まったくあげられない人も結構いることでしょう。〝多くの〟人が見ていることはたしかなのですが、それ以外の人はそれに関して、ほぼなにも知りません。大半の「アイドル」というものについても同じでしょう。流行現象として語られますが、その界隈の外に出てしまうと、どうやら流行っているらしいことしか、わからないのです。〝多くの〟人向けのものではありますが、「みんな」のものにはなっていません。つまり、それらは巨大な「サブカルチャー」に過ぎないです。

ＡＫＢ４８やＥＸＩＬＥみたいな存在はたしかに名前を知っているので、「ポピュラーカルチャー」かもしれません。ただ、やはり、その存在と名前は知っているけど、それ以上の個々のメンバーの名前や歌われている楽曲なんかになると、昔に比べて、あまり知られていない気がします。特にぼくはＥＸＩＬＥというのは、イグザイルと読むのか、エグザイルと読むのか、迷ってしまい、いつも人に教えてもらうのですが、また例によって次の機会にはわからなくなってしまっています……。歌っている歌もよくわかっていません。ＡＫＢ４８に関しても、いま、必死に思い出してみて、「♪フライングゲット」とか「♪恋するフォーチュンクッキー」とかその二曲だけは出てきましたが、やはりサビの部分以外はまったく知らないのではないかと思います。〝いくらなんでも世情に疎すぎ！〟という問題なだけかもしれないのですが、昔は町を歩いたり店のＢＧＭで耳にしたりする中で、自然にもっと頭に音楽がこびりついていたと思うんですよね。

つまり、これら有名どころにしたところで、以前に比べたら「ポピュラーさ」において、弱くなっているところがあるような気がします。これらの存在もやはり、相当に巨大な一つの「サブカルチャー」として見ることができるのではないでしょうか。

「サブカルチャー」なる感覚は世の中でどんどん大きなものになっているように感じられます。無数の「サブカルチャー」が生まれているし、それらは大きくなり〝多くの〟人を包み込むものになっています。ですが、逆にそのことによって「みんな」に共有された文化という前提は崩されていって、「ポピュラーカルチャー」というものは見えにくくなっているように思います。「島宇宙化」という言い方で、さまざまな「サブカルチャー」が乱立している文化状況が語られるようになって、すでに長い時間も経過しています。

このことは「流行語」のようなものを見てもわかります。「新語・流行語大賞」というものがありますが、二〇一六年は「神ってる」、二〇一五年は「爆買い」と「トリプルスリー」、二〇一四年は「ダメよ～ダメダメ」と「集団的自衛権」でした。「爆買い」と「集団的自衛権」はまあ、知られた言葉ではありますが、「流行語」というにはちょっと違和感ありますよね。「集団的自衛権」は「流行」という一過的なものに留めてしまってはいけない日本の今後を決めるような大きな出来事ですし、「爆買い」も中国から来た人たちの購買スタイルを日本人がそのように呼んだもので、日本人の「流行」として見ることはむずかしいです。残りの「神ってる」や「トリプルスリー」、「ダメよ～ダメダメ」は、もし本当に流行っていたのだとしたら「流行語」のように感じられる言葉ですが、ちょっと無理が感じられます。ぼくは正直、ほぼ知らない言葉でしたし、発表された時のインターネット上の反応なんか見ていても、えっ⁉という感じでみんなおどろいていました。これらの言葉が無理矢理みつけられた感じがするように、「現在」は「流行語」というものが見出しにくい時代でもあるわけです。

現代は「ポピュラーカルチャー」がとても〝見えにくい〟時代ですよね。それは「みんな」というものが〝見えにくく〟なっていることとも関係していることでしょう。実はこの「現在」の〝見えにくさ〟という問題は、現在、社会学のさまざまな領域において問題化されています。

若者論を研究する社会学者浅野智彦は『〈若者〉の溶解』の中で、社会学の中で「若者」という語り口が困難なものになっているという問題提起を行っています。これまで、社会学という学問の中で「若者」という問題関心はとても大きな力を持ったものであり、「若者がわかれば現代社会がわかる」という期待を生み出すようなものでありました（川崎、浅野　一九九六：iii）。時代を読み解くキーワードとして、モラトリアム人間だとか、新人類だとか、ひきこもりだとかそういう若者に対するキャッチフレーズを利用するということは多々行われてきました。ですが、近年このような「若者」をうまくとらえられないという感覚が浮かび上がってきていると浅野は指摘します。たとえば、近年「若者の○×離れ」という語り口が多々見られますが、それはあくまでも否定形で「かつての若者のようには○×しない」と規定されるだけで、「それは『何であるか』については何も語っていない」（川崎、浅野　一九九六：iii–iv）のです。このようなことから、「社会の中であるいは社会についてさまざまな現象を切り出したり、読み解いたりする際の枠組としての『若者』が溶解しつつある」（川崎、浅野　一九九六：i–ii）という指摘が行われています(3)。

もしくはもっと大きく「社会」という存在それ自体の〝見えにくさ〟も問題化されています。「社会学」という学問はまさにその名の通り、中心的なカテゴリーとして「社会」というものに依拠して行われるものですが、近年、その「社会」それ自体がきわめて〝見えにくくなった〟ということが語られます。たとえば、ジグムント・バウマンという社会学者の『リキッド・モダニティ』という本がありますが、これはそれまで体系的な秩序としてある程度、実体視することが可能だった「社会」というものが、徐々に流動化したように感じられ、うまくとらえることができなくなったという問題関心の下に書かれた本です。現代の「社会学」を語る際に、その問題関心を「『社会がない』という謎」という部分に置く立場も存在しています（奥村　二〇一四：ii）。

「文化」も、「若者」も、「社会」もとても〝見えにくく〟なっています(4)。要は、「みんな」という感覚の見通しが悪くなっているということです。もしかしたら、〝見えにくい〟のではなく、〝無くなっている〟のかもしれません。とりあえず、その判断はここでは停止しておき、導入の段階では、「現在」の「ポピュラーカルチャー」は〝まだよくわからない〟ということにしておきましょうか。そこをとりあえずは出発点としてみましょう。

［5］「ポピュラーカルチャー史」という方法

さて、この講義でこれから話していく内容は「ポピュラーカルチャー史」ということになりますが、そこで行いたいのは、この「ポピュラーカルチャー不在」とでも言うべき状況に対して、過去に存在していた「ポピュラーカルチャー」を扱っていくことで、そこに内在していたそれぞれの「みんな」という感覚を取り出していって、そこから「ポピュラーなもの」の成立条件を探っていくような試みということになります。一度、過去の「時代意識」を辿っていきながら、それを通過した後で「現在」をいま一度眺めてみると、どのように見える風景が変わって見えてくるかということですね。「90年代」、「80年代」、「70年代」と「現在」に近い時期から徐々に過去にさかのぼりながら、それぞれの時代の「ポピュラーカルチャー」を二つ選び、語っていきたいと思います。もっと取りあげるべき対象はあるのかもしれませんが、自分がその時代の風景を想像した時に、特徴的なものとして思い浮かんだ文化を選んでいきます。紙幅が限られているので、泣く泣くの選択で対象を選びましたが、もし、それぞれの時代について他の題材が思い浮かぶ人がいたら、この講義で話した内容と比べながら、考えてみてくれたらうれしいです。

ただし、実際には、そんな簡単に「10年ごと」に文化がガラッと変わるわけではありません。文化の変化はそんなにはっきりと目に見えるものでもないし、「10年」というような決まった周期で動くものでもありません。なのに、しばしば、「80年代文化」とか、「90年代カルチャー」とか、各年代の文化があくまでも実体的にあったかのように語られてしまうことがあります（こういう語り口は「ディケイド論」などと呼ばれています）。また、同様に、各世代がそれぞれ独立に共通の性質を持ち、対立しあっているかのような「世代論」のような語り口が存在しますが、これにも注意が必要です。そんなに明確な「世代」の変化のラインがあるわけではなく、現実はグラデーション状に存在しているはずです。ですが、一方で、〝区切ること〟によって見えてくるものもあるはずで、この「ディケイド」や「世代」の実体化やステレオタイプ化の危険に注意しながらも、この講義は、自覚的に「○×年代」という語り口を採用していこうと思います。聞いているみなさんも、この点には注意しながら、講義を聞いていってください。

また、「現在」を考えるために「過去」を語っていくというこの方法には、「現在」を「空虚」なものとして語りながら「ある種のノスタルジーとして饒舌」（川崎、浅野　一九九六：iv）になっていくことの危険さがあるということも自覚しています。ノスタルジー的語りもまた、とてもありがちな語り口です。特に「文化」的経験を語るということは、語る人間の「自分語り」や「思い出語り」になってしまう危険が常につきまとってきます。ただ、この点についても、その危うさもわかりつつ、この講義では、時に「自分語り」ということを含めて、「過去」について語っていきたいと思います。それは、さまざまな危うさを理解しつつも、「歴史」を見るという方法が、「ポピュラーカルチャー」というものの〝楽しさ〟と可能性を描き出すのに、やはり適した方法だと考えたからです。(5) 気になるものがあったら、ネットで検索などをして、実際にその文化を確認しながら、話を聞き進めていくこともおすすめです。

というわけで、この「ポピュラーカルチャー」の時代史に関する講義を行っていきたいと思います。ただし、次回はまず、「現在」について、もう少しだけ考えてみたいと思います。「ポピュラーカルチャー」が不在であるとしたら、それはどのような構造の中でそのようになってしまっているのか、ということをインターネットやスマホなどのコミュニケーション・ツールとの関係の中で考えてみたいと思います。この授業中にも、手元に置いて、スマホをいじっている人、絶対にいますよね。そのことの意味も考えてみましょう。

最後に一つ、お願いがあります。退室するときに、みなさんが、「現在」、「ポピュラーカルチャー」があるとしたら、それが何であるかを紙に書いて置いていってください。みなさんが、どんな風に「ポピュラーカルチャー」について考えているのか、知ってみたいと思っているのです。それでは、また次回お会いいたしましょう。よろしくお願いします。

読書案内

この授業では直接的に参照しないとは言ったものの、文化研究における「理論」的な観点はやはり重要なものである。ドミニク・ストリナチの『ポピュラー文化論を学ぶ人のために』（世界思想社、二〇〇三年）は、マルクス主義的な読解や記号論的読解、フェミニズム批評など、現在の文化研究の基本となる理論をていねいに説明してくれている。ただ、いささか抽象度が高い議論がなされているので、毛利嘉孝『増補　ポピュラー音楽と資本主義』（せりか書房、二〇一二年）など具体的な分析をふまえた著作を先に読んで、その後に、この本に戻るのもよいだろう。

「サブカルチャー」を学問的に考えるための先行研究については、難波功士『族の系譜学――ユース・サブカルチャーズの戦後史』（青弓社、二〇〇七年）が冒頭でまとめてくれていて便利である。また、この本は、「〇〇族」という日本でしばしば登場する「サブカルチャー」集団の姿を生き生きとしたかたちで描いているものでもあるが、「理論」をふまえた後に、そこから見えてくる文化風景をともに見ることができるのはとても勉強になるはず。「戦後」の歴史を勉強する際にも、このような文化を知っているかどうかで、その見え方はかなり変わってくることだろう。

より日常的な文化に対して考えたい場合、鶴見俊輔『限界芸術論』（ちくま学芸文庫、一九九九年）

が手がかりとなるだろう。落書き、民謡、盆栽、花火、都々逸など、暮らしに密着したものとしての文化を考えるために、鶴見は独自の学問的方法論を生み出そうとした。そこにある自由で闊達な空気は、彼が創刊に関わった『思想の科学』という雑誌にも見ることができるが、本論でその立場を引き継ぎたいと考えた「社会意識論」的な論考もこの雑誌との関係が大きい。

本章でも述べたように、「ポピュラーカルチャー」というものは「若者」と大きな関係を持つものである。浅野智彦『「若者」とは誰か　アイデンティティの三〇年　増補新版』（河出ブックス、二〇一五年）は、「若者」のアイデンティティの変遷を追う本である。「ポピュラーカルチャー」の歴史を考えるためには、並行したかたちで、「若者」の意識、そして、「若者」に対する社会の意識は考えておくべき問題であるだろう。

注

（1）たとえば、吉川徹は『現代日本の「社会の心」』などの仕事で、「計量社会意識論」という立場から、統計的な方法で「社会の心」をていねいにとらえる方法を模索している。

（2）「サブカルチャー」という概念とそれに関する議論については、難波功士『族の系譜学』の「はじめに」と「第1章」でまとめられているので、興味がある場合は参照するとよい。

（3）実際にこのことは、政府の政策の指針を定めた『子ども・若者ビジョン』でも、三〇代までが若者であるというように、若者の境界の拡大をもたらしている（川崎、浅野　二〇一六：ⅳ）。

（4）この〝見えにくさ〟を「平成」という時代と結びつけて、その〝見えにくさ〟の感覚を探ろうとした書物に鈴木洋仁『「平成」論』がある。

（5）宮沢章夫の『NHK　ニッポン戦後サブカルチャー史』、大塚英志『「おたく」の精神史　一九八〇年代論』などは、積極的に、「サブカルチャー史」を語るに際し、「自分語り」的な話法を活用している。「文化」を語る際に、その「経験」を語るということは時に強い有効性を持つ「方法」でもあるだろう。

第2回 文化≠コミュニケーション
——インターネットは「ポピュラーカルチャー」たりえるのか?——

[1] テレビの終焉

さて、今回は、現在の文化状況について考えてみるということをしてみましょう。前回、お話したように、現段階では、どうにも〝現在の「ポピュラーカルチャー」がなにであるのか?〟ということについてしっかりとした答えを用意することが、まだできません。そこで、あえて一度、現在を「ポピュラーカルチャーの不在状況」として見てみようというのがこの講義での基本的な態度でした。まず、講義全体のとっかかりとして、このことについてもう少し、細かく考えてみましょう。

前回の講義の最後に、みなさんに、もし「ポピュラーカルチャー」が現在あるとしたら、なんだと思いますか?という質問をしてみました。もしかしたら、ぼくがまったく予想もしない(もしくは知らない）ものが「ポピュラーカルチャー」として、現在、流通しているのかもしれないと思ったから聞いてみたのですが、やはり、ＡＫＢやＥＸＩＬＥ、ジャニーズ系のアイドルやお笑い芸人の名前なんかをあげる人が多かったです。もしくは一部、「アニメ」というジャンル名をあげてきた人もいました。それらは、前回、ぼくが「ポピュラーカルチャー」か、「サブカルチャー」か、迷ってしまうところがあると語ったものですよね。

そして、前回、ぼくが話したように、「ポピュラーカルチャー」と「サブカルチャー」の境目がわかりにくくなっているという留歩を口にするとともに、それらの名前をあげた人も多かったですし、〝わかりません〟や〝ないと思う〟と書いてきた人も多かったです。そういう反応を見ていると、やはり、前回の見立てである「ポピュラーカルチャーの見えづらさ」というイメージの線上で、「現在」について考えてよいのではないかと思いました。

おそらく、上記で出た名前って、大体、「テレビ」に絡んだ存在ですよね。アイドルもお笑い芸人も、それから基本的にアニメも、「テレビ」の画面上でよく見かけるものです。少数のテレビ局から、お茶の間の人々に向けて、一遍に番組を送信するテレビは、「みんな」が同じものに触れているという意味で、「ポピュラーカルチャー」としてとてもイメージしやすいものです。「みんな」が同じものを見て、それをネタにして「みんな」が会話する、これこそ、「ザ・ポピュラーカルチャー」といったところでしょう。前回、自己紹介をする時に、自分の「ポピュラーカルチャーとの遠さ」を説明す

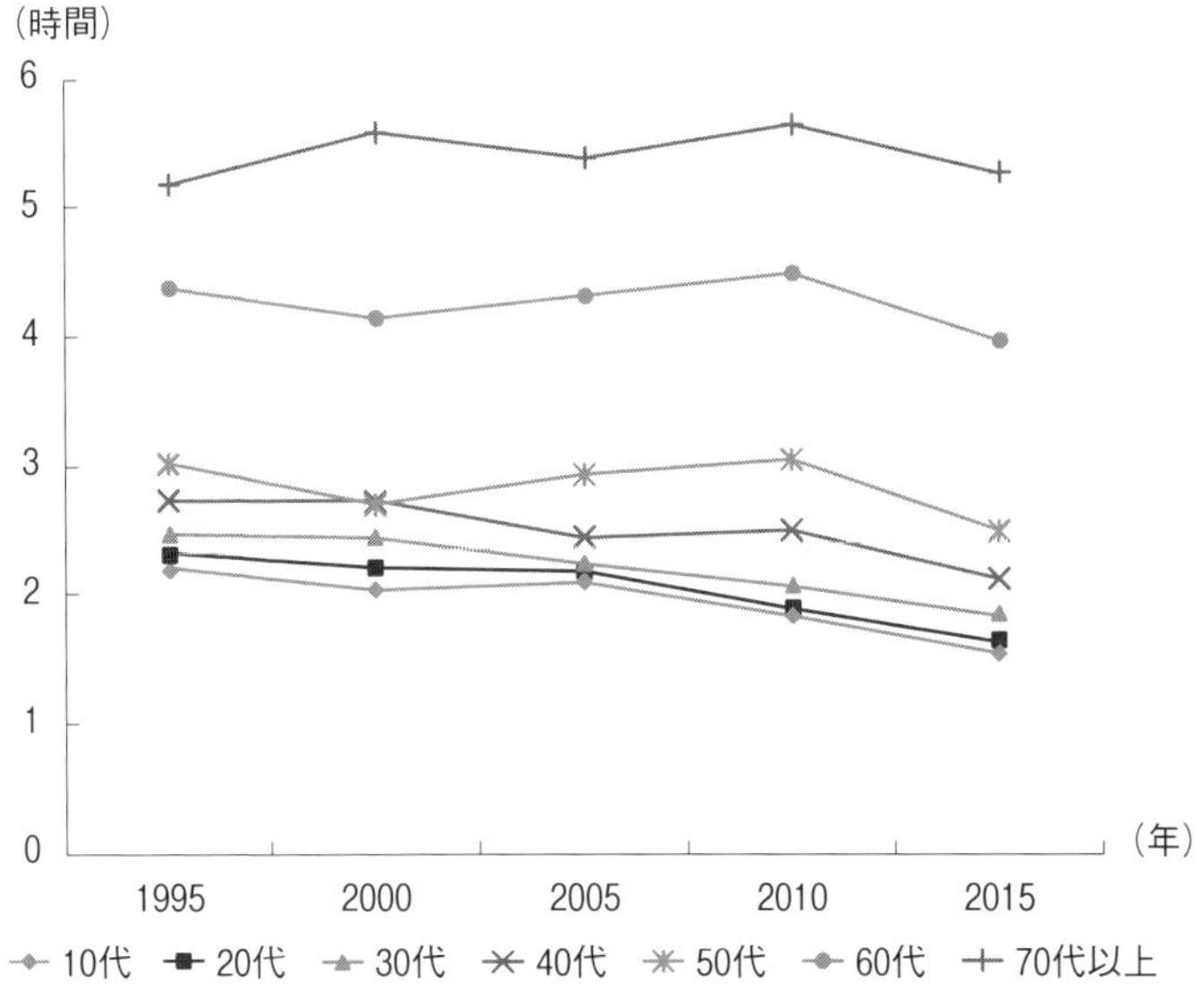

図2-1　男性各年代ごとのテレビの視聴時間推移推移

出所） NHK 放送文化研究所「国民生活時間」調査，2015年.

るために、ぼくは〝自分がテレビをあまり見ない〟という話をしました。これも、まさに「ポピュラーカルチャー」と「テレビ」をきわめて近いものであると考えているから出た発言です。

ただし、みなさんもご存じの通り、「テレビ」というメディアは昔ほどの存在感を持っていません。図2-1は、NHK放送文化研究所の二〇一五年「国民生活時間」調査での男性における「テレビ」の平日の平均視聴時間の世代ごとの推移のデータですが、年齢が下がるにしたがい、はっきりと「テレビ」を見る時間の減少傾向が見られます。同じくNHK放送文化研究所が行った二〇一五年の「日本人とテレビ」調査の報告の中では、

「視聴時間は、一九八五年以降初めて〝短時間化〟へ」、「テレビの「毎日」接触は二〇～五〇代で減少」、「二〇から五〇代の幅広い年層で「ほとんど、まったく見ない」人が増加」、「テレビに肯定的な意識が低下」、「テレビは「必要」と感じる人が中年層で減少」という結果がまとめられています（このデータはＮＨＫ放送文化研究所のサイトで確認ができます）。

このようなデータを見ても、人々の「テレビ離れ」の傾向は確認できると思います。わかりやすく「ポピュラーカルチャー」を代表するものとしてあった「テレビ」というものが、その力を失いはじめているのです。この辺りに、現在、「ポピュラーカルチャー」が見えにくくなっている理由の一端を見出すことができるでしょう。

〔2〕〝なんとなく〟とポピュラーカルチャー

「みんな」がある程度、同じカルチャーを共有するための下地として「マスメディア」というものはとても重要です。逆に言えば、「マスメディア」の存在が、「ポピュラーカルチャー」をつくったといってもよいでしょう。「みんな」が同じようなものを〝なんとなく〟目にし、その同じようなものを〝なんとなく〟好きになる、そのことを通じて、「ポピュラー」という感覚が広まっていくのです。「サブカルチャー」や「カウンターカルチャー」のような文化が、「みんな」と「自分」、もしくは

「自分たち」は異なっているという「個性」や「アイデンティティ」といった感覚を大事にしているのに対して、「ポピュラーカルチャー」はゆるくつながったような「みんな」という感覚を基盤として成立するものです。だから、この〝なんとなく〟という感覚は大事なものになってきます。「サブカルチャー」のような自己の「アイデンティティ」と結びついた文化は、深い愛着ゆえに、なぜそれを愛好するのかの理由がある程度、明白になってきますが、「ポピュラーカルチャー」は〝みんなが好きだから〟とか、〝楽しい気分になれるから〟とか、それを愛好する理由も〝なんとなく〟に近いものです。

「テレビ」の見られ方も、この〝なんとなく〟と結びついたものであったでしょう。そういうライフスタイルを送っている人はみなさんの中にもいると思いますが、「テレビ」が力を持っていた頃、多くの人は家に帰るとまず「テレビ」を〝とりあえず〟点けます。そして、やることがなかったりすれば、それを〝ダラダラと〟見ます。見ているんだか、見ていないんだかわからないような状態の前で、映像は流れ続けていきます。「テレビ」を見ている時間の大部分は、まさに〝なんとなく〟です。たしかに、深い愛着を持った番組や興奮する番組も多々あり、それを熱くなって語ったり、録画してくりかえし見たりすることもあるでしょう。ただ、やはり、そのような見方も、「テレビ」というもののの〝なんとなく〟の在り方の中で、時折、生じる見方であるように思います。基本的に、「テレビ」というものはひまつぶし的に経験されるメディアであったわけです。

少なからぬ「ポピュラーカルチャー」というのは、このようなひまつぶしに関係したものであるでしょう。家に帰ってヒマな時、電車の中でヒマな時、退屈な授業中にこっそりと隠れて、そんなひまつぶし性の中で「みんな」が〝なんとなく〟時間を潰していって、あるカルチャーはじわじわと人々の間に浸透していき、「ポピュラーカルチャー」としての力を持つようになります。テレビやマンガや音楽、テレビゲームなんかも主にそうやって消費していますよね。〝なんとなく〟という言葉は、それこそ、なんとはない軽さを伴った言葉ではありますが、人間の生活の大部分というのは、この〝なんとなく〟でできあがったものであるはずです。

［3］インターネットは「ポピュラーカルチャー」たりえるのか？

ならば、現在、「みんな」が〝なんとなく〟していることはなにか、と考えてみたら、それは、圧倒的に「インターネット」ということになるでしょう。少し前までは、家の机の上のパソコンから接続されていた「ネット」も、いまでは手元のスマホからほぼいつでも利用可能です。だから、家に帰れば「テレビ」を点けるどころではなく、ちょっとした時間の隙間があれば、スマホ経由ですぐ「ネット」に接続って時代ですよね。家でも、電車の中でも、駅のホームでも。この講義中でも、たぶん、ちょっと退屈を感じればスマホの画面につい見入ってしまっている人もいると思いますし、友だちと会話をしている最中なんかでも、ふと画面を見てしまう人って大勢いるかと思います。生活のいたるところに「ネット」は浸透していますし、つぶすべきヒマは手元のスマホ経由ですぐ「インターネット」が埋めてくれます。ひまつぶしとしては、その他の娯楽はそこまで必要とされなくなってしまう時代が現在であるということができるでしょう。プロバイダーにお金さえ払っておけば、基本的にはお金もかからず、時間をつぶしていくことができる「インターネット」という道具は、〝なんとなく〟行うには最適な存在であるのです。

であるとすれば、〝「インターネット」が現在の「ポピュラーカルチャー」である〟と言ってしまえばよいと思われるかもしれません。〝なんとなく〟を代表する存在なわけですから。ただ、そう言い切ることに、やはりどこかで抵抗があるんですよね。それはなぜかといえば、現在、「インターネット」上で行われていることの大半が、ＬＩＮＥやＴｗｉｔｔｅｒといったツールを使った「コミュニケーション」であるからです。

「テレビ」や「ラジオ」、もしくは「雑誌」といったメディアは、たしかに「マスコミュニケーション」と言われるように、「コミュニケーション」のツールではありました。ただ、そこでは、番組や記事といったコンテンツが大きな力を持っています。メジャーな番組があり、また、マイナーな番組があるように、それが「ポピュラー」なものであるかどうかは、それぞれのコンテンツの性格にかなり依存しています。「テレビ」は「ポピュラーカルチャー」を代表するものでありましたが、それは

「ポピュラー」なコンテンツを人々に見せうるからでした。あくまでも、コンテンツを人々に伝えるメディアなわけです。

それに対して、「ネット」はたしかにその上に無数のコンテンツを持ってはいるのですが、そのどれかが圧倒的に「ポピュラー」なものであるということは滅多にありません。たとえば、ＹｏｕＴｕｂｅやニコニコ動画のような動画共有サイトのようなものはあります。そして、これらのサイト上の音楽やお笑いの動画を〝なんとなく〟ダラダラと見続けて時間がつい過ぎてしまっていたなんて経験も多くのみなさんが経験しているものでしょう。ただ、どれかの動画が圧倒的な人気を誇っているのかといえばそうでもなく、みんながみんな、自分の好みのものをバラバラに見ているという状況があるように感じています。だから、「ポピュラー」なものは個別のコンテンツではなく、ＹｏｕＴｕｂｅなり、ニコニコ動画なりといったサイトやツールの方であるというのが正しいと思います。そこで視聴されているコンテンツ自体は、個々それぞれの趣味・嗜好に根ざした「サブカルチャー」に近いものなのではないでしょうか。

「みんな」が「ネット」を使っていることはたしかだけれど、見ているものはバラバラ。だから、たしかに「ネット」という媒体を使用することはライフスタイルとしてはとても「ポピュラー」なものであるのですが、個々のコンテンツのレベルで考えると、無数の「サブカルチャー」が併存する世界であるように見えてくるのです。「テレビ」というメディアが、それぞれの時代において、時代意識を表現しうるような特別な人気番組を持っていたのに対して、「ネット」上で時代を表現しているように感じられるものは、先にあげたＬＩＮＥやＴｗｉｔｔｅｒ、一昔前ならｍｉｘｉやはてなダイアリーといったＳＮＳ的なものや、もしくはＹｏｕＴｕｂｅやニコニコ動画といった、ツールやアプリ、サイトの名前になってくるところがあります。この辺りに、ぼくが、現在の「ポピュラーカルチャー」として「ネット」を素直にあげにくい気分の理由があります。

「カルチャー」や「文化」という言葉はとてもやっかいなもので（たとえば、レイモンド・ウィリアムズが文化と社会における語の歴史的変遷を描いた『キーワード辞典』という本で、「英語で一番ややこしい語」の一つとして culture をあげています（Williams 1976＝2011：138））、その定義によって、なにをそこに含めるのかが変わってきてしまうものです。たしかに、ライフスタイルというものも、一つの「文化的なもの」として取りあげることができますし、その意味では、「ネット・カルチャー」も十分に「文化」として見ることができるものです。

ただ、それでも、自分が「ポピュラーカルチャー」として「ネット的なもの」を語ることに抵抗があるのは、先にも言ったように、そこにある「コミュニケーション」的要素の強さゆえです。現実的に、「ネット」上の「コミュニケーション」に人々が時間をとられてしまい、作品や表現といった文化的なものを「みんな」が共通に視聴する体験が、失われている状況が現在にはあると感じています。そこでは、「文化」というものを固めていく力よりも、拡散させていく力の方が強くはたらいているように思われるのです。だから、「ネット・カルチャー」は「文化」として見ることができるかもしれないと言いながらも、他方では、それは「みんな」が共有しているものであるにもかかわらず、「ポピュラーカルチャー」と言い切れないというところがでてきます。

話がちょっとグダグダしてきてしまいましたね。ですが、こんなモヤモヤしたような状態が、現在を語る際にはぼくの内にはどうしても出てきてしまいます。〝「インターネット」は「ポピュラーカルチャー」である！〟とか、〝「ポピュラーカルチャー」ではない！〟とか、はっきりと言い切れてしまえば、それはとても楽な話ではあります。ただ、どうしても言い切ることができない、その見通しの悪さこそが、いま、「ポピュラーカルチャー」を語ることのむずかしさであると思うのです。はじめに、現在の文化状況を「ポピュラーカルチャーの不在」と表現しましたが、むしろ、〝ポピュラーカルチャーが不在である〟かどうかも、〝わからない〟というのがもっと正しい言い方であるのかもしれません。

このモヤモヤとした〝わからなさ〟をまず、みなさんに共有して欲しかったというのが、このようにグダグダとした語りを続けてきた理由です。「現在」のわかりにくさ、見えにくさというものに気付いて欲しいなと思ったのです。とりあえず、今回の講義では、この〝わからなさ〟を生み出した存在である「インターネット」というものについて考えてみましょう。いまの「ポピュラーカルチャー」とはなんであるのか？　そんな問いを、話を聞きながらみなさんの中でももう一度、考えてみてもらえたら、うれしいです。

［4］日本のインターネット普及について

それ以前から専門家達の間では研究が進められていましたが、日本で「インターネット」という言葉が一般に普及したのはおそらく一九九五年のことであると思われます。「インターネット」以前にも、「パソコン通信」と呼ばれる、パソコンと電話回線を経由したコミュニケーション・サービスは存在していましたが、どちらかといえば、好事家向けのものでありましたし、また、遠方への通話料金が高額だった時代でもあり、仲間内や近場のクローズドな関係性の要素が強いメディアであったとも言われています。

そんな中、「Windows 95」というパソコンの新ＯＳの登場とともに、〝新しいメディア〟として「インターネット」が急激に語られ出すようになります。当時はまだ、パソコンというものもそこまで一般的なものではありませんでした（内閣府消費動向調査によると、この時点でのパソコンの世帯普及率は一五パーセント程度であるということです）。そのような状況なので、この「Windows 95」というものも、実際のところ、なんだかよくわからないままに、どうやらなにかすごいものであるらしいというイメージだけが立ち上がっていました。発売時には大きく盛り上がり、電気街でカウントダウン・イベ

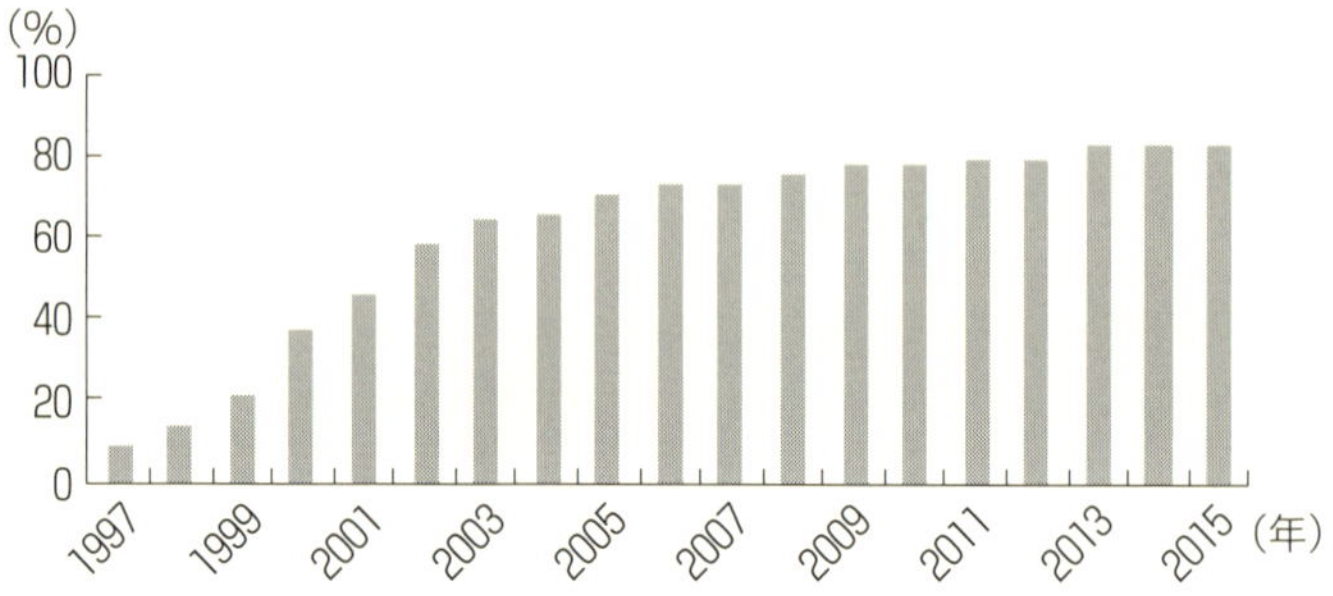

図2－2　インターネットの人口普及率推移

出所）総務省「通信利用動向調査」(平成28年).

ントなどもあったのですが、そこでもあまり具体的なことは語られていません。「インターネット」というものができるらしいということは話題になっていましたが、それもまだ、なにができるのかよくわからない未知の要素が強い存在でした。九五年の流行語大賞の上位に「インターネット」という言葉は入ってはいますが、それはまだ具体的なイメージが伴ったものではありません。

図2-2を見ると、インターネットの人口普及率は九七年段階ではまだ九・二%程度、二一世紀に入ってようやく半分を超す程度です。「インターネット」という言葉は広まりましたが、二〇世紀の内はそこまで「インターネット」は一般的な存在ではありませんでした。二〇〇五年に七〇%まで増加した後は、ゆるやかに増加しているような状況ですね。こんな風に「ネット」というものは人々の生活の中に入りこみ、一般的なものになっていったのです。

　そもそも、「ネット」の普及開始時は、いまほど便利な状況にはありませんでした。まだ、回線の容量が大きくなかった時代には、一枚の画像を表示するにも数分かかるような状態でしたし、通常の電話回線を経由してプロバイダーに接続していたために通常の電話代もかかるような状況でした。いまとは利便性がまったく異なります。当時は「テレホーダイ」という、設定した電話番号に夜一一時から朝八時までの間、定額でかけ放題になるサービスがあったので、「ネット」を愛好する人たちは一一時になるのを待って、時間が来たら即接続。眠くなるまで、延々と「ネット」を見るというライフスタイルを送っていた人が多かった記憶があります。一一時になると、パソコン前で構えていた人たちが、急につなぎ出すので、ただでさえ遅い回線がさらに滞るみたいな状態でした。

こういう「ネット」状況に対して、二〇〇〇年頃から、徐々に回線利用が定額制になり、常時接続されることが広まっていきました。その後、光ケーブルの登場や携帯電話の機能向上、そしてスマホの普及などで、いまのみなさんが知っているような「ネット」の状況が一般化しはじめます。

たぶん、多くの学生のみなさんは「ネット」がない状態をもはや想像することが困難だろうと思います。〝どうやってヒマをつぶしていたのだろうか？〟と不思議に思うかもしれませんが、ぼくが学生の頃なんかは、まだ、「ネット」というものが一般的ではなく、だからこそ、テレビを見たり、レンタルビデオ屋を回ったりとか、そうやって時間をつぶしていたわけです。いまとなっては、「ネット」がなかった時代、それで本当にヒマがつぶれていたのか、自分で考えても、謎な部分があります。

そして、そんな不便な初期だからこそ、はじめの頃の「インターネット」を語る言葉たちの中にはかなり大きな「夢」がありました。たとえば、日本の「インターネット」黎明期にその基盤づくりを行った人物として名前がよく出る村井純という人が一九九五年に出した『インターネット』という本の中では、「人間のコミュニケーションとしての全く新しいメディア」（村井　一九九五：九）、「地球上の人類がコミュニケーションを展開することができる単一の、人類がかつて経験したことがない規模のメディア」（村井　一九九五：一〇）として「インターネット」が語られています。そして、それは「国という概念とは全く独立に、国境を越えて発展してきた」のだから（村井　一九九五：六）、「国境がな」く、「新しい国際社会（「国」が意識されないのだから、「国」際というのはおかしいかもしれません。地球の社会とでもいったほうがよいでしょうか）をつくっていく」（村井　一九九五：一九五）ことができるものであるとされています。一九九七年には立花隆というジャーナリストが『インターネットはグローバル・ブレイン』という本を書いていますが、いわんとすることは同趣旨です。

この頃、「インターネット」というツールは、あたかも国境の壁を壊す存在であるかのように語られていました。世界中のニュースに触れることによって、これまでの「マスメディア」の中にある狭い日本語的環境を超え出ることができるし、また、普通の人々が世界中に情報を発信することによって、少数の報道機関から多数の人々に情報が流れていく一方通行的な状況を変えることもできる、そんなイメージです。ここで仮想敵にされているのは、日々、狭い日本的文脈の中で〝くだらない〟娯楽番組を流し続けるような「テレビ的な文化」です。そんな〝くだらない〟文化に浸っている「日本人」たちが、「インターネット」によって〝目覚める〟とでもいった「夢」が90年代後半にはしばしば語られていました。

[5] コミュニケーションだらけの空間

ただ、「ネット」が普及してみれば、そんなことはほぼ「幻想」だったことはわかります。たしかに、「ネット」の登場によって、海外の文化に触れることは圧倒的に楽になりました。検索すれば、海外のニュースを見ることはすぐできますし、Amazon のようなネット書店を使えば、過去よりもはるかに容易に洋書を購入することもできます。でも、そんなことよりも、われわれが日々、「ネット」で行っていることというのは、身近な友人とのたわいもないコミュニケーションだったり、趣味のネットワークの中のおしゃべりだったりとそんなところでしょう。

一九九七年には、クリフォード・ストールというネットワーク専門家が書いた『インターネットはからっぽの洞窟』（原著は『*Silicon Snake Oil*（シリコン性のエセ薬）』というタイトルで九五年に出ています）という「ネット幻想」批判の本が翻訳されていますが、そこでは結局、人々が「ネット」でしていることの大半は「電子メールをやりとりし、ファイルを転送し、コンピューターゲームを楽しみ、ニューズグループをチェックし、インターネットをネットサーフィン」（Stoll 1995＝1997：19）しているだけであり、「本当に役立つ情報にはめったにお目にかからない」（Stoll 1995＝1997：7）ということが書かれています。いくつかの単語を入れ替えれば、まさにいまの「ネット」の使われ方まんまですよね。二〇年前に、「ネット」が生み出すことはそんな大したことではないと言うために使われていた説明の中身を、現在のわたしたちはほぼ同じように行っているわけです。

「ネット」が国境を破壊するというような過去に語られていた言葉に反して、「ネット」を使っている人の大部分はおそらく身近な関係性の範囲の内での「コミュニケーション」を補強するようなかたちで使っているように思います。かく言う自分にしたところで、それとさして変わりません。友だち、もしくはせいぜい、友だちの友だちや趣味や仕事のコミュニティがちょっとだけ延長したところまでで、「ネット・コミュニケーション」の広がりは止まってしまいます。たしかに「テレビ」的な文化は、「ネット」によって衰退したかもしれませんが、「ネット」が向かっていったのは、当初、考えられていた「海の外」ではなく、反対に、より身近な方向に向けてだったとも考えられます。メディア研究者であるダナ・ボイドは二〇〇三年頃からブログやSNSが大きな力をもちはじめたことがこの傾向を加速化したと指摘しています。「初期のSNSサイトは、はじまった時点では、ユーザーが未だ知らない人々、特に友達の友達に会うことができるように設計されていた」が、結局、「これらのサービスが予想を超えて人気を集めるようになったのは……友達同士でつながるためのプラットフォームを提供したから」でした。人々は「単純に友達と交流することに熱中した」のでした（boyd 2014＝2014：17）。

海外にしても、このような身近な「コミュニケーション」の内に「ネット」世界が閉じていく傾向は存在するでしょうが、日本の「インターネット」は特にその指向性が強いとも指摘されてきました。たしかに、日本の「インターネット」は当初から、情報の提示や議論を行うことよりも、自分の日常を不特定の人々に見せる「日記サイト」が多い傾向がありましたし、無数の人々がおしゃべりをするような「匿名掲示板」文化も強い力を持っていました。二〇一三年の情報通信白書には「日本ではインターネット利用者の七四％がブログを閲覧しているのに対して、韓国では四三％、米国では二七％、英国では二三％、フランスでは二二％となっており、ブログの閲覧頻度も日本が一週間に四・五四日と最も高くなっている」というデータも登場しています。

わたしたちの日常生活には、かなりの勢いで、「ネット」的な「コミュニケーション」が浸透しています。しかも、それはどちらかといえば、仲間的な内側に向けた方向性を強く持っています。

ですが、まあ、そうなってみれば、それは当たり前のことと言えるかもしれません。「ネット」初期の語り口というのは、「ネット」の登場によって日本人たちの意識が一気に変革されるかのような、いまでいうところの〝意識高い系〟的なものであったように思います。正直なところ、リアルタイムでぼくは、その〝意識高い〟的な語り口の鼻持ちならなさに辟易していたところもあり、「ネット」

を自分から遠いものだと思って、遠ざけているところがありました。「ネット」で海外に目を向けるような層は、基本的に「ネット」がなくてもそこに触れる努力はしているだろうわけで、新しい「メディア」の登場程度のことによって、急にすべての人間の意識が変わるわけはありません。たしかに、接触のしやすさから、「海外」に目を向けるようになる人間も増えてはいるのでしょうが、それがめんどうくさいと思う人はそんなに簡単に自分のライフスタイルを変えようとはしないでしょう。多くの人々はそこまで〝意識高い〟わけではない。そんな「現実」からすると、「インターネット」の登場で日本人が突然、変わるなどという発想の方が「非現実」的なものであるように思います。

むしろ、目の前にある「ネット」という道具を、当初、まったく想定されていなかった〝おしゃべり〟のような「コミュニケーション」の方向へと変化させていく、人々の力の方にこそ、おどろくべきであるのかもしれません。[1] そこでは新しいメディアの使い方が「発明」されているわけです。〝楽しい〟方に向けて、道具の利用法を再編成していくことは、けっしてまちがったことではありません。

[6] コンテンツとコミュニケーション

これまで、「コミュニケーション」という側面に重心を置いて、「インターネット」について考えてきました。わたしたちの「インターネット」の使用は多くの部分、「コミュニケーション」中心的なものとして編成されている、そして、それゆえに、わたしたちの日常の時間の多くの部分が「コミュニケーション」に吸収されていく、そんなお話でした。くりかえしますが、それはけっして悪いことではありません。ですが、日常の中でのネット的な「コミュニケーション」の存在感が増していき、「文化」というものの姿が見えにくいものになってしまっていることもたしかです。ここでもう少し、ていねいに「インターネット的なコミュニケーション」と「文化」の関係について、考えてみたいと思います。

先ほど話したように、「ネット」上にはたくさんのコンテンツが存在しています。たとえば、ＹｏｕＴｕｂｅやニコニコ動画のような場所には無数の動画や音楽が存在しています。そして、それらを「ネット」利用者の大半は視聴しています。そこには「コミュニケーション」から独立した、「文化」の消費のようなものが存在していると思われるかもしれません。ですが、やはり、そのようなコンテンツ視聴の中にも、しばしば「コミュニケーション」的な要素が存在しています。

たとえば、おもしろい動画を「ネット」上で見た時、Ｔｗｉｔｔｅｒなどでそれについて言及する人も多いことでしょう。横に「コミュニケーション・ツール」を携えながら、おもしろいことを体験した人は、つい、そのツールでそれを誰かに伝えたくなってしまいます。「〇〇なう！」みたいなつぶやきをする人も多いですよね。絶えず、「コミュニケーション」の可能性を傍らに置きながら行動していると、なにかあれば、すぐに反応したくなるものです。別にこれは「ネット」世界のコンテンツにとどまりません。テレビなんかを見ている時にも同じことが起きます。テレビ画面を見ながら、手にはスマホを握っているみたいな状態ですね。

これまでであれば、コンテンツの視聴と、感想などの「コミュニケーション」は時間的に切り離されていることが大部分でした。映画を観る、テレビを見る、そして、その後に、誰かに電話をしたり、教室で会ったりするなどのかたちで感想を伝える、そんな感じです。この場合、視聴の時間と「コミュニケーション」の時間は切断されています。ですが、「ネット」の場合、視聴の時間と「コミュニケーション」の時間が同期していることがとても多いです。なにかを見ながら、同時に、なにかをつぶやいていること、みなさんも多く経験していますよね。

この状態を一つの画面におさめたものがニコニコ動画というサービスです。図2-3にあるようにこのサイトでは、ある映像が流れながら、同時にそれと同じ画面にそれを見ている人たちのコメントも流されています。動画の視聴と、それにまつわる「コミュニケーション」が同じ画面の上で成立しているわけですね。見慣れていない人にとって、これは不思議な画像に見えるかもしれませんが、でも、原理的にいえば、多くの人が日常的にしていることはこのニコニコ動画の画面のようなものです。日常の中でも、しばしば、コンテンツを視聴することと「コミュニケーション」が並行して存在しているのですから。

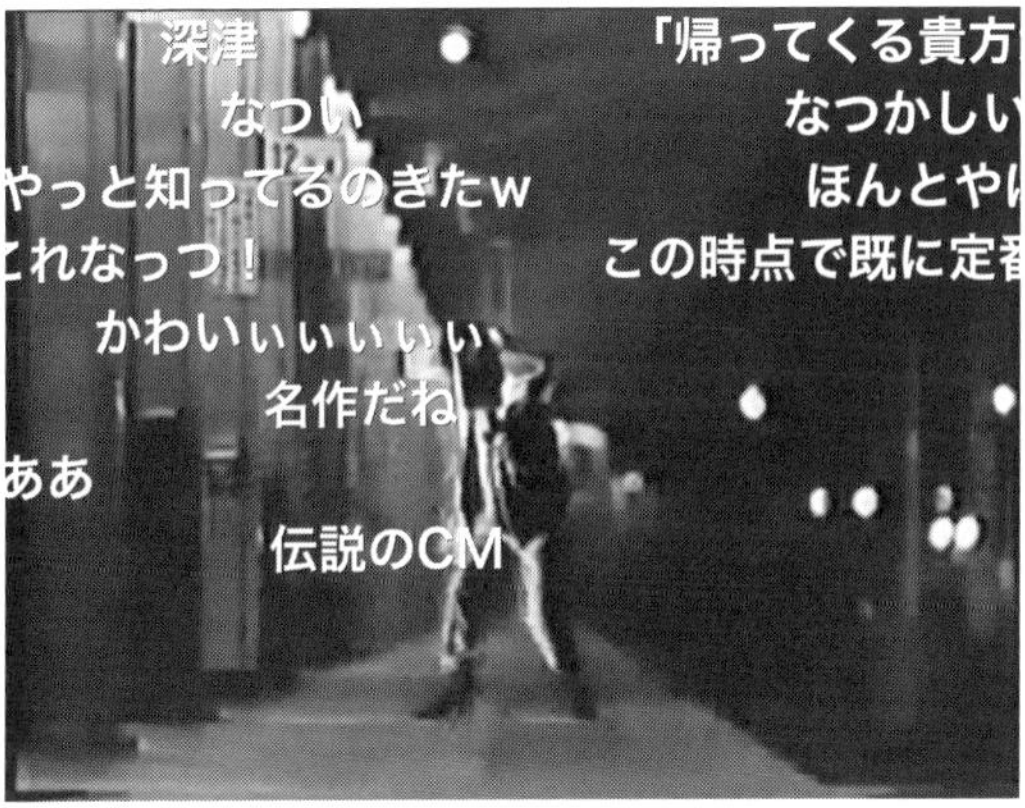

図2－3　ニコニコ動画画面（「懐かCM　バブル期のCM 1」）
出所）http://www.nicovideo.jp/watch/sm13329714（2017年5月23日閲覧）.

これは別に「ネット」の世界のコンテンツだけの出来事ではありません。たとえば、テレビでニュースや情報番組を見ている時にも同じことが起きはじめていますよ。その番組について「ネット」上で語られていることが、テレビの画面の中に展開されていることも多くなっていますよね。テレビという「ネット」とは別種のメディアの中にも、「ネット」的な「コミュニケーション」はなだれこんできています。

そして、このように「コミュニケーション」と並列しながら、コンテンツを視聴することは、コンテンツそれ自体の視聴の仕方にも大きな影響を与えるはずです。一人でじっと作品を鑑賞する時と、おしゃべりしながら人と作品を共有する時では、作品がもたらす感覚ってまったく変わります。同じ作品を見るという経験にしても、その視聴環境によって、その意味合いはまったく違うものになるはずです。

最近、テレビでアニメ映画『天空の城ラピュタ』の放映時に、「ネット」上では「バルス祭り」というものが行われます（人気映画ですから、定期的にテレビ放映されています）。この作品の後半で登場人物が「バルス」という呪文を唱えるシーンがあるのですが、このシーンに合わせて、Ｔｗｉｔｔｅｒや2ちゃんねるで人々が一斉にその呪文を書き込むというのがこの「祭り」の内容です。二〇一三年には、この瞬間に合わせて、一秒間で一四万三一九九ツイートが書き込まれるという記録が生み出されたとのことです。この呪文を「ネット」上に書き込みながら『ラピュタ』を見ることは、「バルス祭り」が登場する以前とはまったく違う視聴経験を人々に与えるはずです。この「コミュニケーション」の「祭り」に参加するためだけに番組を見る人や、もしくは、この瞬間だけテレビのスイッチを入れる人すら存在することでしょう。

「コミュニケーション」の要素が強く入りこんでくるということは、コンテンツの視聴に大きな影響を与えるし、また、それだけにコンテンツの内容それ自体にも影響を与えていくことでしょう。人々は「コミュニケーション」のための「ネタ」的な要素を強く作品に求めることになります。それによって、作品中に、「ネタ」となりうるフック的要素を大量に埋め込むことが要請されるようになるでしょうし、作品の持っている環境から独立した自律性というものは解体されていきます。そして、「文化表現」はどんどんと「コミュニケーション」の中へと溶け出していくことになります。(2)

［7］文化≠コミュニケーション

これまで見てきたように「ネット」を通じて、「文化」は人々の個々の「コミュニケーション」の方へと拡散していきました。たとえ、多くの人がある作品やコンテンツを「インターネット」上で共有することを通じて「みんなの文化」が立ち上がっているかのように見えたとしても、そこでその立ち上がりを生み出す基盤となるものはやはり「コミュニケーション」です。そして、そこでは、作品それ自体は「コミュニケーション」の「ネタ」として消費されていってしまいます。つまり、そこにあるのは「みんなの文化」というよりも、「みんなのコミュニケーション」です。

また、同様に、「コミュニケーション」というものが無数に行われることによって、この「みんな」という共通感覚もとらえづらくなっていきます。たしかに「みんな」が「コミュニケーション」を行っているのですが、行われている「コミュニケーション」の内容がそれぞれバラバラであるために、「みんな」という感覚は拡散していくことになります。個々の「コミュニケーション」は目にすることができますが、「みんな」という感覚はどんどん持ちにくいものへと変化していきます。

このようにネット的な「コミュニケーション」が強まっていくことによって、「文化」という感触も、「みんな」という感覚も拡散していっているのが現在という時代なのではないでしょうか。ここに現在の「ポピュラーカルチャー」を考えることの困難があります。

たしかにこれまでもずっと、感想や批評のような言葉が、作品やコンテンツの周囲にあり、それらを取り巻く状況は普通にありました。ただ、それでも、それらの言葉は、最終的に、作品やコンテンツの存在感を固めるような役割を果たすものであったし、文化空間においては、それらの言葉たちよりも作品やコンテンツの存在感の方が上回っていたために、安心して、人々は「文化」というものを語ることができていました。作品を取り巻く言葉の方が大きな力を持っている現在との違いはここにあることでしょう。

今回は「ネット」というものが持つ「コミュニケーション」的性格を、現在の「ポピュラーカルチャーのとらえがたさ」とともに考えてきました。そして、そこから、現在、多くの人々が楽しんでいる「ネット・コミュニケーション」というものを「みんなの文化」としてとらえようとした際のモヤモヤのようなものを描き出してきました。たしかにこの共有された「コミュニケーション」の在り方を、「みんなの文化」といえるような気もするし、やはり、いえないような気もする、そんなモヤモヤです。このモヤモヤを今回は「文化≠コミュニケーション」という言葉で語っておきましょう。

〝なんとなく〟「テレビ」を見ることの中には「ポピュラーカルチャー」的要素を見出しやすいです。それに対して、〝なんとなく〟おしゃべりを友だちとすることの中には「ポピュラーカルチャー」というものを見出しにくいはずです（時代ごとの流行り言葉や口調のようなものにメディアの影響を見出し、そこに「ポピュラーカルチャー」的なものを見出すことはありえるでしょうが）。「コミュニケーション」が大きな割合を占める「インターネット」文化というものは、この「テレビ」的なメディア性と、「おしゃべり」的な日常性の混じり合ったような場所にあります。ここにある「文化」を語ろうとすることは、「文化≒コミュニケーション」の中のニアリー・イコール的なあいまいさの中に入りこんでしまうことになります。そのあいまいさの中で、「ポピュラーカルチャー」というものも、それに由来する「みんな」という感覚も、あるのだか、ないのだか、よくわからないとらえがたさを持つようになってしまうのではないでしょうか。

イントロダクションで語ったように、この授業は、現在を〝とらえがたい時代〟として考えることからはじめてみます。そして、次回以降、もう少しはっきりと「ポピュラーカルチャー」なるものをとらえることが可能であった過去の時代の文化を見ることによって、「ポピュラーである」という感覚の正体や、それを生み出している社会的要素を探っていきたいと考えています。その作業によって、現在のこのモヤモヤがもう少し晴れるとよいと思います。そんなことを期待しながら、授業を進めていきます。

次回は、90年代という時代を扱います。みなさんにとって、多少は身近であるかもしれない近い過去から徐々に時代を遡って、「ポピュラーカルチャー」の歴史を見ていきたいと思います。

読書案内

ダナ・ボイドの『つながりっぱなしの日常を生きる』（草思社、二〇一四年）は、アメリカの十代の実際のネット使用の具体例をさまざまに紹介しながら、同時に、それを理論的な視点の中にも位置付けており、社会学的にインターネットを考えようとする際には、ガイドとしてとても便利な本。ネットの楽しさを押し潰さないようにしながらも、同時に、その問題点を描き出そうとするバランス感覚も優れている。

本文でも紹介した村井純『インターネット』（岩波新書、一九九五年）は、二十年以上前の本であり、もはや古典的な位置に置かれるべきものであるかもしれないが、現在、ネットについて語る際に大事なことの多くは、すでにここに書かれている印象を、今回読み直す中で持った。いまだにインターネットとは何か？を考える際に、読んでみるべき一冊であるだろう。

ただし、このネットにまつわる言葉について時間が経っても〝変わらない〟ことの奇妙さが気になる人がいるかもしれない。そんなやや〝ひねくれた＝社会学に向いた〟人におすすめなのが佐藤俊樹『社会は情報化の夢を見る』（河出文庫、二〇一〇年）。この本は〝新しい情報技術が社会を変える〟と同じようなことを延々と語り続けてきた社会の姿とその構造を描き出している。

より包括的に「メディア」というものについて社会学的に勉強したい場合は、吉見俊哉『メディア文化論　改訂版』（有斐閣、二〇一二年）が良いテキストである。理論・歴史・実践といった視点から、手際よく「メディア」研究についてまとめてくれている。「メディア」にまつわる歴史的な紆余曲折を描いたパートの個々のエピソードもおもしろい。

注

（1）吉見俊哉『声の資本主義』は、「電話」などの声にまつわるメディアが当初、想定されていた使われ方とは別のかたちに、人々の日々、それを使用する中で変化してきた過程を描いたものである。「ネット」の歴史もまた、そのように見ることができるだろう。

（2）映像研究者である渡邉大輔は『イメージの進行形』の中で、「映像圏」という言葉を使って、このコミュニケーションと映像の関係に生じた変化を、否定的ではないかたちでとらえようとしている。

第3回 90年代音楽バブルとはなんだったのか?

[1] 音楽がお金を生んでいた時代

それでは、今回から過去の「ポピュラーカルチャー」を追っていく作業を行っていきたいと思います。まずは一九九〇年代半ばというCDが爆発的に売れていた時代について見ていきます。とりあえず、数字で、当時の音楽を取り巻く状況を確認してみましょうか。

まず図3-1を見てください。日本でCDがもっとも売れた年は一九九八年ですが、この年には、CDの総生産枚数は四億五七一七万三〇〇〇枚、総生産金額は五八七八億七八〇〇万円であったと言われています。この一〇年前の一九八八年にはまだ日本の音楽市場は三〇〇〇億円程度のものであったのですから、たった一〇年で二倍の市場規模に急成長したわけです(1)。では、この最大売上を記録し

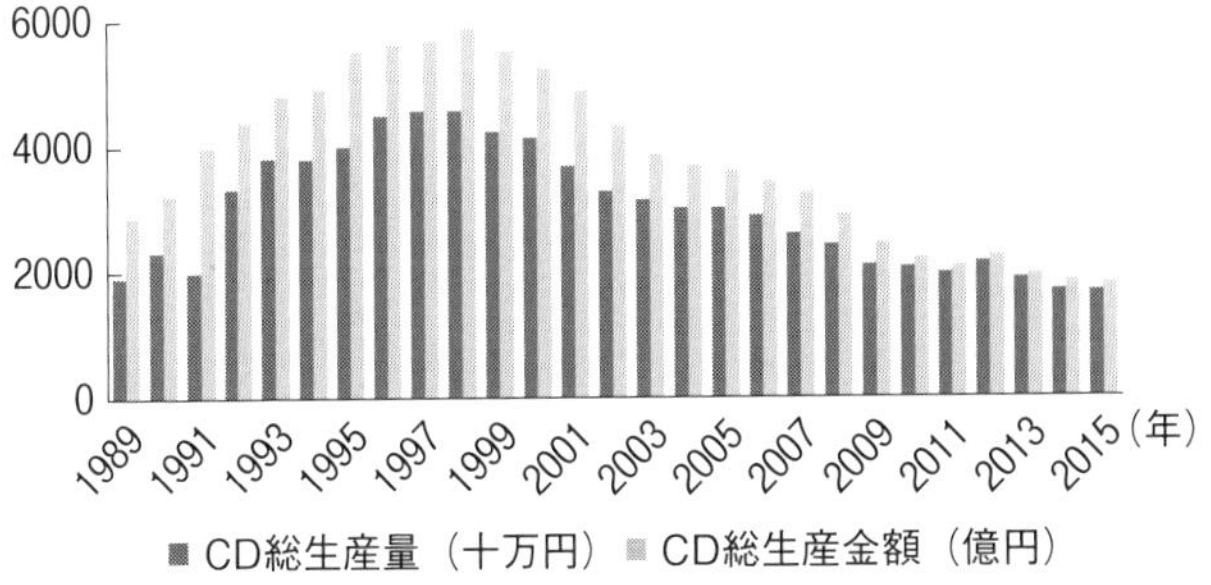

図3－1　CD総生産量と総生産金額の推移

出所）「日本のレコード産業」年次レポートより，一般社団法人日本レコード協会サイト内（http://www.riaj.or.jp/f/issne/industry, 2017年5月30日閲覧）.

た年の一〇年後はどうなったかといえば、また三〇〇〇億円程度の規模に戻っていきます。一〇年で二倍になった市場規模は、その一〇年後に再び元に戻ってしまうことになります。ちなみに、現在のCD市場は大体一八〇〇億円程度（一般社団法人　日本レコード協会二〇一五年データ）、音楽配信の四七一億円を足しても二三〇〇億円程度で、つまり、二〇年も経たない内に三分の一ちょっとくらいまで、縮小してしまっているのです（これらのデータは「日本のレコード産業」という年次レポートとしてネット上で見ることができます）。

単に市場規模だけに変化が見て取れるわけではありません。九〇年代のCDの売れ方は、その質においても、かなりの特徴があります。それ以前には「夢の一〇〇万枚」などといわれていたミリオン・ヒットのシングル盤も90年代に入ると大量発生します。お笑い芸人兼ミュージシャンでもある著述家マキタスポーツによると九一年に九曲、九二年に二二曲、九三年には三二曲と連発されるようになり、90年代には

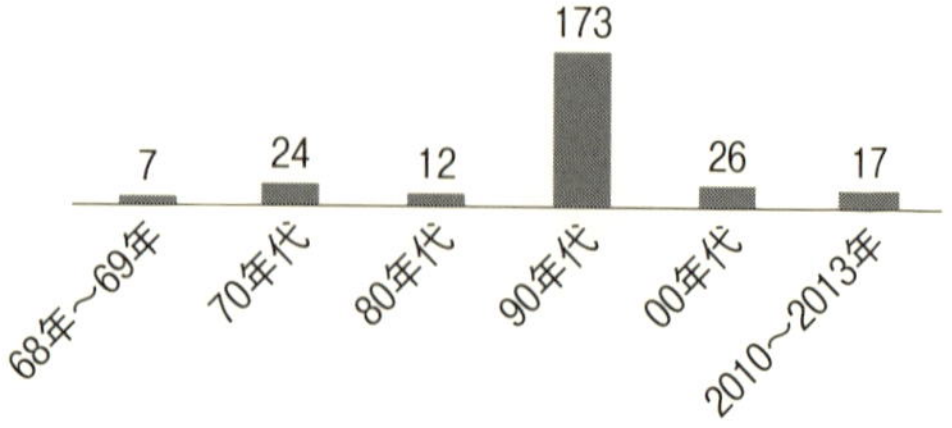

図3－2　各年代ごとの100万枚を突破した曲数

出所）マキタスポーツ（2014：75）.

合計一七三曲が一〇〇万枚を超える売り上げを見せています（マキタスポーツ　二〇一四：七五）。図3－2にあるように一九六八年から二〇一三年までのミリオン・シングルの総数は二五九曲ですから、大体六五％以上のものが90年代に登場しているわけです。三〇〇万枚を超えるトリプルミリオンのアルバムはこれまで二一枚存在していますが、その内一五枚はやはり90年代に登場しています。日本でもっとも売れたCDは宇多田ヒカルの一九九九年のファースト・アルバム「First Love」ですが、推定売り上げは約七六五万、クラクラする数字ですよね。一九九〇年代の音楽市場は、大規模ヒットが連発していた状況にもあったのです。

ずらずらとデータを並べてしまいましたが、数字だからこそ感じられる迫力があることはおわかりいただけるでしょう。実際のところ、自分のことを思い出しても、自分の周囲のことを思い出しても、あの頃、人々は本当にたくさんのCDを買っていました。特にぼくは趣味の一つが音楽ということもあって、新品のCDも買っていたし、この市場データの外側にある中古CDなんかもバンバン買っていて、月に数十枚単位で買っていたような気がします（音楽が溢れていたゆえに安値になった中古市場の恩恵です）。若いみなさんから見たらその枚数は異常なものに思えるかもしれませんが、この枚数は、ある種の音楽マニア的な消費行動として、当時は普通に存在していた購買様式であった気がします。今思えば、当時の学生のどこにそんなに音楽に回すお金があったのかは、不思議な気分にもなります。

この音楽界の景気の良さは、売れている音楽の世界にとどまらず、いわゆるマニアックな音楽にも恩恵を運んでくれました。余裕がある状態では、さまざまな実験的な試みにもお金は回ってくるわけで、マイナーな音楽を好むぼくのような人間にもとても楽しい時期でした。誇張された大げさな表現ではありますが、当時は、東京、特に渋谷という街では、世界中の音楽情報が集まり、手に入らないＣＤはないとまで言われていました。

まさに「音楽の時代」です。いま現在、学生のみなさんと音楽の話をしていても、好きな音楽としてあがる名前が、しばしば、椎名林檎だったりミスチルだったり、もしくは少しマニアックな人だとフリッパーズギターだったりと、二〇年前と変わらないことにおどろくことがあります。90年代から、若い人に聴かれている音楽についてはあまり変わっていないのかもしれないなと思うこともあります。

たしかに現在は、インターネットなどを通じて、無料で音楽が聴ける機会は増えています。ですから、音楽ソフトに使うお金が減ったことと、音楽というジャンルとの人々の距離感が遠くなったということは即イコールで結びつくものではありません。ただ、それでも、とんでもない金額のお金が動いていたこと、そして、ミリオン、ダブルミリオン、トリプルミリオン・ヒットが連発した状況が存在していたことをもって、「みんな」という存在の中で音楽が消費されていた、つまり、音楽が一つの「ポピュラーカルチャー」としてありえていたと語ることが可能であるように思います。幻のように現れ、そして幻のように消えていった、この「音楽バブル」とでもいうべき、一九九〇年代の音楽の大量消費状況について、今回は考えていこうと思います。

〔2〕フラッシュバック・J－pop・カウントダウン

「音楽バブル」的な時代の中で、単にCDという媒体の売れ方だけでなく、音楽の内容それ自体に対する扱われ方も変化しました。いまでは当たり前になった「Jポップ」という言葉もまた、この時期に広く流通するようになりました。この言葉がすでに一般化されているように、いま、わたしたちが前提としている「ポピュラー音楽」に対する感覚が生まれたのもこの時期のことです。

詳しいことは烏賀陽弘道の『Jポップとは何か』という本に書かれていますが、この「Jポップ」という言葉は、当初、洋楽を中心に音楽を流していたFMラジオ局J－WAVEが一九八八年に日本のポップスを選曲した番組を放送した際に使用され、誕生したと言われています（烏賀陽 二〇〇五：七）。この時点では、まだ、ある一つのラジオ局が使用しているに過ぎなかった「Jポップ」という言葉が本格的に世の中に流通するようになったのは、諸説あるようですが、一九九三年頃だろうと語られることが多いです(2)。サッカーの「Jリーグ」の発足が一九九三年なので、その言葉との関連で広がっていったものとも推測されています。

これもまた、しばしば論じられることですが、「日本の」ということを意味するために「J」という頭文字を使用するようになったのは、大体、一九八〇年代後半くらいからのことです。J-WAVE、Jリーグ以外でも、JRの誕生は一九八七年、タバコのJTは一九八八年、農協がJAを名乗るのは一九九二年といったように、「日本〇〇」といったこれまでの名称から、新たな日本のブランドイメージとして「J」という感覚がこの頃に多用されるようになります。和牛をあらわす「Jビーフ」なんて言葉まで存在していました。もはや、これまでの日本とは違う、だが、それでも、新たな日本的なものが新しい力を持つようになるだろう、そんなイメージとして「J〇〇」という言葉が流通するようになります。

「Jポップ」という言葉もまた、この感覚の中で広まった言葉であるはずです。これまでの演歌や歌謡曲のような伝統的な湿っぽさを持った音楽とは違う、海外の音楽の影響を受けながらも、日本固有のなんらかの感触を持った音楽を指すものとして「Jポップ」という新たな言葉は使われていきます。宇野維正が『一九九八年の宇多田ヒカル』の中で、一九九八年の年間シングルのベスト二〇を見てみると、アーティスト名がすべてアルファベット表記になっていることを紹介しています（宇野二〇一六：二七）。これは、まさに「J」的な音楽世界を体現した光景であると言えるでしょう。

この「Jポップ」という便利な言葉の登場によって、これまで日本の音楽界に広まっていたロックやポップス、歌謡曲といった諸々のジャンル区分は、かなりの部分、力を弱めていくことになります。そもそも、何がロックで、何がポップスか、そのようなジャンル区分を厳密化することは実際のところ、きわめてむずかしく、個々人の感覚によるところが大ではあります。特にロックというジャンルは厄介で、サウンドの形式によってロックと規定されるのか、それとも反逆性のような精神性によってロックと規定されるのか、そんなことで言い合いが起きたりもします。「商業ロック」だとか、「ファッションパンク」だとか、そんな侮蔑語もしばしば飛び交ったりしますが、「信仰論争」じみたことが起こりやすいジャンル規定をめぐる困難も、「Jポップ」という言葉が登場したことによって、ある程度、解消されていきます。ほぼすべてのポピュラーな音楽は「Jポップ」という枠の中で、フラットに並列させることが可能になるわけですね。

先ほど、アルファベット化されたヒットチャートに並ぶミュージシャンのことを「アーティスト」と呼びました。これまた、いまでは当たり前になったミュージシャンを指すために「アーティスト」という言葉が使われるようになったのも、この時期のことのようです。テレビに出て歌っている人、たとえば、アイドルなんかを「アーティスト＝芸術家」と呼ぶというのは、よく考えてみれば、やや不思議な感じがするかもしれません。

一九八〇年代まで人気をもっていた「ザ・ベストテン」や「ザ・トップテン」といった「歌番組」に登場するのは主に「歌手」や「歌い手」たちです。彼ら、彼女らは、作詞家や作曲家といった「先生」的存在がつくった歌を与えられ、それを歌います。

楽曲に対してそのような受動的な性格を持った言葉である「歌手」に対して、徐々に、シンガーソングライターやロックバンドといった「自己表現」するミュージシャンがどんどんメジャーな存在となっていき、「音楽番組」に登場するようになってきます（「夜のヒットスタジオ」や「ミュージックステーション」といった番組を、「歌手」から「アーティスト」への過渡期的な番組として見ることができるかもしれません。これらの番組には「洋楽アーティスト」も登場していました）。彼らの「自己表現」はあくまでもイメージとしてのものではなく、やはり、彼らも音楽産業や視聴者の欲望、さまざまなものに巻き込まれた存在ではありますし、本当の意味で、どこまで彼らが「自作自演」しているのかもわかりません。ただ、それでも、新たな「自己表現」するミュージシャンたちというイメージは流通していきます。そして、「音楽番組」はもはや「歌手」だけのものではなくなっていきます。そのため、そこに登場する音楽家たちをまとめる新たなカテゴリーが必要になってくるわけです。

そこで登場したのがおそらく、「アーティスト」という新たなカテゴリーです。「Jポップ」と同様にこの名称は、さまざまなジャンルの音楽家たちをフラットにまとめるための便利な名称となります。これに対応したのが、ダウンタウン司会の「HEY!HEY!HEY! MUSIC CHAMP」（一九九四年開始）

や石橋貴明（とんねるず）と中居正広（SMAP）司会の「うたばん」（一九九六年開始）といった「アーティスト」のトークが強くフォーカスされた音楽番組です。そこではアイドル的な存在もコワモテの大御所も、芸人的なかたちでいじられ、その意外な素顔をさらけ出しながら、「アーティスト」というまとめの下で同じような番組ゲストとしてフラットに並べられていくことになるのです。[3]

このように、「音楽バブル」期は、いまよりはるかに大きな規模で音楽市場が動いていた時代であるとともに、「Jポップ」や「アーティスト」という言葉に見られる、現在、わたしたちが当たり前に感じているような音楽に対する感覚が生まれはじめた時代でもあるわけです。これまでとは異なる音楽に対する感覚が生まれた時代、しかも、それが「Jポップ」や「アーティスト」といった〝格上げされた〟言葉使いで表現されるようになった時代、ここにも「音楽バブル」といった感触を見て取ることが可能なはずです。

［3］「遅れてきたバブル」としての「音楽バブル」

ただし、この「音楽バブル」が、日本社会の経済状況が「バブル経済」の高揚状態にあったから生じたものではないということは確認しておくべきでしょう。土地や株への投資が過熱化した結果生まれたバブル景気と呼ばれる状況下に日本経済があったのは、一九八六年末から一九九一年にかけてのことです。バブル期、〝土地は必ず値上がりする〟という土地神話に基づき、人々は投機に熱中していましたが、当然、そんなことが続くはずもなく、一九九一年に突然にこの熱狂的な経済状況は終焉を迎えます。これが俗にいうバブル崩壊というもので、その後、日本経済は「失われた二〇年」と呼ばれる不景気の只中に追い込まれます（そして、おそらく、二〇年どころでは終わらないですよね、この日本の不景気状態は……）。まさに「音楽バブル」はこのバブル景気がはじけ飛んだ後に生まれたものであるわけです。「バブル文化」の象徴であるかのように語られやすい、ボディコンの女性たちが扇子を振り回してお立ち台の上で踊っていたディスコ、ジュリアナ東京にしても、実は一九九一年に完成したもので、バブル崩壊の後にはじまった文化なのです。

この二つの「バブル」をめぐるタイムラグをどのように考えればよいのでしょうか？　なぜ、社会的な不況が訪れた後に、音楽というジャンルは未曾有の好景気の中に置かれることになったのでしょうか？

二つの理由が考えられる気がします。一つは、これまでの投資の対象が壊滅的になる中で、「文化」というものが新たな投資の対象としてとらえられるようになってきたということです。バブル崩壊は単に数年スパンの景気循環の中での不況にとどまるものではありませんでした。戦後、さまざまな景気循環を経験しながらも、それでも一貫して成長してきた日本経済がほぼはじめて経験した出口のない不況は、それまでの日本の経済構造の大転換を生み出すものでもあったことでしょう。日本で製造業従事者の数が農林水産業の従事者の数を超えたのは一九六五年のことですが、一九九四年にはサービス業従事者の数がその製造業従事者の数を超えることになります。ぼくはまだ子どもの頃、学校の社会科の授業で〝日本は工業国である〟と習った世代に属しますが、そのような第二次産業中心の経済構造から第三次産業中心の社会への転換が全面化するようになるのが90年代という時代です。物理的なものには成長の限界がありますが、文化的なものには限界がない、そのように考えることもできます。(4) そのため、さまざまな文化的な存在に経済的なまなざしが向けられるようになりますが、その中でも、当時、勢いがあった音楽に特にお金が多く回ったと考えることはできるでしょう。

もう一つ、ここで考えておくべきことに、不況という経済的現実と人々の感覚の間のタイムラグという問題もあるはずです。たしかに一九九一年に「バブル」ははじけました。ただ、その後、数年間は、人々はまだ不況という現実に直面することはせずに済みました。その影響は時間をかけてじわじわと人々の生活と意識に波及していったのです。首都圏の平均年収のピークは一九九七年のことですし、就職氷河期が問題化し始めるのも一九九六年頃、そして大手金融機関の破綻という出来事も一九九七年頃から本格化しはじめます。バブル崩壊の実感は遅れてやってくるものでした。

要はバブル崩壊後も、しばらくの間、人々はのんきだったわけです。すでに不況の影響が本格化しはじめていた90年代後半に学生をしていたぼくも、どうせ、これまでのような常識は通用しない時代が来たのだから、真っ当な就職をしても無駄だ、好きなことをしようなどと考えて、学問の世界を目指すようになりました。ぼくもまた、不況という状況が本格化していることを知りながらも、本格的にそのおそろしさに気付いていないわけですね。いま思えば苦笑するしかないのんきさですが、多かれ少なかれ、そんな気分は日本社会全体に共有されていた気がします。「これまでの常識は終わった、だから好き勝手やろう」とか「しんどい労働中心の社会は消え去って、これからは楽しい文化の時代になるだろう」とか、そんなことを考えていたわけで、不況の中で、音楽の消費に人々がかまけてお祭り騒ぎだったこともそういう気分と重なるものであると思います。〝豊かであった〟時代の「気分」はまだ延長し存在し続けていて、むしろ、〝あくせくした「経済」の時代は終わり、これからは楽しさを中心とした「文化」の時代である〟などと考えていた。そんな中で、音楽は「バブル」を迎えた、そのように解釈をすることも可能でしょう。

つまり、日本経済の「バブル」の遅れてきた延長戦のようなかたちで「音楽バブル」は生じるわけです。そして、「遅れてきたバブル」であるがゆえに、同じように数年後にそれは弾け飛んでしまい、数年前の全体経済と同様に「音楽不況」が語られるようになります。日本経済全体と比べればそれは規模が小さな「バブル」とその「崩壊」ではありますが、それでもやはり、いまから見れば、90年代の音楽シーンは良くも悪くも〝豊か〟であったなと思います。経済的に縮小していく世界の中で、そのことに対するおそろしさを本当の意味で実感することなく、ＣＤをバンバン買っていたわたしたちは、しあわせであったとも思うし、現在からふり返ってみればとても奇妙な時代であったなとも思います。「音楽バブル」は、一九九〇年代の若者の「モラトリアム性」の一つの皮肉な象徴であるとも言えるでしょう。

［4］小室哲哉の時代

この「音楽バブル」という時代をまさに象徴する存在が、音楽プロデューサー、通称TKこと、小室哲哉という人物です。一九五八年生まれの小室哲哉は元々、TM NETWORK（後にTMN）という音楽ユニットの中心メンバーとして活躍していたのですが、90年代前半から徐々に音楽プロデューサーとしての活動にシフトし、数々の「アーティスト」たちに楽曲を提供していきます。90年代半ば、彼のプロデュース・ワークはヒットを連発し、「小室哲哉の時代」と呼ばれるような状況を生み出すことになりました。

とりあえず、その勢いをふたたび、数字を通じて、見てみましょう。彼の一番のヒットシングルは安室奈美恵の「CAN YOU CELEBRATE?」で売り上げ枚数は二二九万枚（おそらく現在ではもっと売れていることでしょう）。他にglobeの「DEPARTURES」やH Jungle with Tの「WOW WAR TONIGHT」、篠原涼子 with Tの「愛しさとせつなさと心強さと」などがダブルミリオンを突破しています。ミリオンヒット・シングルは合計二〇曲にも及びます。小室がプロデュースしたCDの総売上枚数は約一億七〇〇〇枚、シングルでは七一〇〇万枚超と言われています。作曲家別のシングル売上枚数では筒美京平が歴代一位で七五五七万枚とのことですが、筒美京平は長い時間をかけてこの枚数を達成しています。小室ミュージックが短期に集中して売れたことを考えると90年代における勢いはわかるかと思います。一九九五年から一九九八年にかけて日本レコード大賞を四年連続で受賞してもいます。特に一九九六年という年は彼の人気がピークに達した年で、四月一五日のオリコンシングルチャートのトップ5は彼の曲が独占しています。

さらにもう少し下世話な数字を見てみると、小室は高額納税者番付で一九九六年と一九九七年には全国で四位であり、一九九七年の納税額は一一億七〇〇〇万円で推定所得は約二三億円であったとのことです。いかに音楽がお金になる時代だったかということが見てとれます。この頃は、テレビで小室のドキュメンタリー番組なんかも放映されていて、彼の豪邸披露などという企画もありました。後に小室が書いた自伝によれば、90年代半ばにロサンゼルスに拠点を移した際に、高級住宅地であるマリブにスタジオを兼ねて買った住居は、テニスコート、リンゴ畑、噴水、馬小屋まで付いていたそうです（小室　二〇〇九：六七）。この豪邸は六億円以上とのことですが、他にもハワイに一億円以上、バリに二億円以上の住宅を買い、世界限定のベンツを三億円で買い、飛行機移動にはチャーター機を使ったり、ファーストクラスを借り切ったりしていたことが語られています。さらには、「鯉のぼりからも目を避ける魚嫌い」なのに、個人所有としては最大級のクルーザーを買ったりもしていますます。

（笑）（小室　二〇〇九：一二一-一二二）。お金は手に入ったが、その使い方がわからず、〝いかにも〟なものを大量に買ってしまう、これは「バブル期」にお金を手に入れた日本人たちがしていたことですが、この点においても、小室に代表される「音楽バブル」の世界は日本の「バブル期」を反復してい

「バブル」の反復であるわけですから、当然、それは突然、パチンと弾けてしまいます。小室もこの後、往時の勢いを失ってしまい、二〇〇八年には著作権に関わる「五億円詐欺事件」で逮捕されるに至ります。こう書くと、なんだか、小室という人を悪く言っているように感じられるかもしれませんが、たぶん、ぼくだって、「バブル」の渦中で、このポジションに置かれることになったら、同じようなことになってしまっていたように思います。本人もヒット期には「自分では止められないあの感じ」、「もっともっと、と知らずの内にTOO MUCHになっていく過食的症状」の中にあったと語り（小室　二〇〇九：八二）、その焦燥感と自分の豪遊を関係づけています。また、後に詐欺行為に追いつめられてしまう自分の金銭感覚も80年代のTM NETWORKのブレイク、90年代のプロデュースワークのブレイクと二度のブレイクがあったので「三度目のブレイクがあるだろう」（小室　二〇〇九：一二二）という楽観が生んだものであろうと語っています。ギャンブルにのめり込んでしまうのと似た感じを受ける発言ですが、これもまた渦中にあれば、当然の感覚でしょう。

とても下世話なお金のことを話してきました。ただ、「ポピュラーカルチャー」というものを論じ

るにはとても大きな要素となる話です。「文化」の世界の中でこれだけ大量のお金が動いていた、だから、それは「ポピュラーカルチャー」となりえる力を持っていたわけです。「不況」が当時よりもさらに語られるようになった現在から見ると、とても不思議な世界に思えます。うらやましいなと思える話でもあり、狂っているなと感じられる話でもあるような気がしますが、お金と文化の関係はやはり意識しておくべきでしょう。

［5］プロデューサーとアーティスト

小室ブームが世に広めた言葉として「プロデューサー」というものがあります。ここでいう「音楽プロデューサー」とは、アーティスト視点からつくる楽曲のイメージ、さらにはそれのビジュアルや宣伝のイメージなどを提案して、他のアーティストの売り方を考える存在とでも言った意味の言葉です。七九年に『レコード・プロデューサーはスーパーマンをめざす』という本を書いていた細野晴臣が存在するように、以前からこの役割は日本の音楽業界の中に存在していたものですが、小室はこの「プロデューサー」という言葉を積極的に用いて、自分のさまざまな作品を世に出していきました。

特に90年代の小室が特徴として持つのは、作詞、作曲、編曲、レコーディング、ビジュアルイメージの提示など楽曲に関わるすべてのことを導いていくスタイルの「プロデュース」を行ったということです（批評家・佐々木敦は小室を「オールインワン型プロデューサー」と呼んでいます（佐々木 二〇一四：二二）[5]。おまけに小室は「TK」や「with t」などという言葉を付けて、「アーティスト」とともにステージに上がることもしばしばでした。本当になんでもやっています。小室はしばしば、ファッションブランドや企業ロゴの話をしながら、そのようなブランドイメージを持ったものとして自身の楽曲関与を方向付けたいと語っていました。

元々、歌謡曲というのは、作曲家や作詞家といった人々をレコード会社のディレクター[6]が選択し、分業的につくられることが多いものでした。それに対して、小室は「プロデューサー」というかたちで一括してこれらの作業を行っていきます。元々、小室がシンセサイザー・プレイヤーであることも含め、彼の電子音楽に対する素養が、楽曲制作におけるこの多面性と速効性に結びついたということもあるでしょう。工房的に、膨大な楽曲が「小室プロデュース」の下に生み出され、世に広まっていきました。

この「プロデューサー」感覚でつくられる音楽というものは、先の「歌手」から「アーティスト」へという変化に対応したものでもありました。作曲家や作詞家といった「えらい先生」から楽曲が「歌い手」に授けられるものではなく、個々の「アーティスト」のイメージに合わせて「プロデューサー」が柔軟に対応して楽曲をつくっていく、実情はどうあれ、このようなつくられ方をしているというイメージは、歌い手の「アーティスト化」の流れに合致するものです。「アーティスト」は「プロデューサー」のサポートによって、「自己表現」をしている、こんな具合のイメージですね。

小室が得意としたのは、元アイドルたちを自身の「プロデュース」によって「女性アーティスト化」していくことでした。90年代というのは「アイドル冬の時代」として語られることが多い時代です。「自己表現」がもてはやされる時代の中では、アイドルが持つ受動的性格（＝歌わされている）は否定的にとらえられやすいものでした。そんな中、時代が違えばアイドルとして歌を歌っていたであろう女の子たちも、作詞をするだとか、自身のファッションセンスを前面に出すだとか、そんなかたちで「アーティスト」としてCDデビューすることが多かったのです。この「アーティスト・イメージ」をつくりだすのに「小室ブランド」はとても有効なものでした。「天才プロデューサー」が、彼女の才能を発掘したというストーリーが用意されるのですから。

この「小室プロデュース」の特徴は、「女性アーティスト」たちの楽曲購買層を、若い女性たちに向けたことにあるでしょう。アイドルの場合、楽曲は男性たちをターゲットとして主につくられます。それに対して、小室は同世代の女性たちの共感に向けて、楽曲をつくっていきました。これはいささか、意外に思われるかもしれませんが、小室は作詞家としての売上枚数ランキングでも歴代四位に入っています。(7) 90年代に小室がホストをつとめていたトーク番組「TK MUSIC CLAMP」の中でも、初期はしばしば作詞について語っています（この番組のトークは書籍化されているので確認可能です）。

「学生の頃、社会学科に」いたので、「時代を分析するのが好きだった」（ぴあＭＯＯＫ　二〇一四：一〇〇）と語る小室は、渋谷という場所を意識して歌詞を書いていたと語っています。「渋谷で起きているような、もしくは起きていそうな恋愛、渋谷に似合う言葉、渋谷の香りなど、渋谷を歩いて五感で感じるすべてを忘れないように心がけ」（小室　二〇〇九：八九）、曲をつくっていたそうです。

小室哲哉が90年代に書いた詞はどこか暗さを伴っています。いま読み返すとその詞には、音楽が大ヒットを連発していた元気な時代のデジタル・サウンドというイメージとは異なった、不安感や焦燥感が浮き上がって見えるところがあります。小室は安室奈美恵のヒット曲「SWEET 19 BLUES」に関して、「友達と別れて家路につく時の、ふと我に返る寂しい気持ちや、友達との微妙な人間関係の距離感とか」、「なんとなくこのままの状態は続かないという無常観」（ぴあＭＯＯＫ　二〇一四：一〇四）などを表現した曲としてその歌詞を語っています。先に記したような小室のバブル渦中にあった焦燥感や不安感などどから出た感覚であるようにも感じられますが、ちょうど、それが歌い手である女の子たちや、もしくは聞き手である若い女性たちの感覚とシンクロすることによって、ヒットが生じたということは指摘してよいことかと思います。ダンスビートを用いた〝戦略的な〟策士みたいに語られやすい小室の、むしろ、繊細な作詞家としての一面は時代意識を見るにも大事な要素であるはずです。(8)

［6］カラオケとオーディション

冬の時代の中にあって売れないアイドルたちが、「小室プロデュース」によって大ヒットを連発する「アーティスト」に化ける、これはまさに典型的なシンデレラ・ストーリーのようなものです。このシンデレラ・ストーリーを体現するのが、「小室哲哉の恋人」であり、彼と同じイニシャルＴＫの新たな名を与えられ「アーティスト・デビュー」した華原朋美という人物ではないでしょうか。

華原朋美は一九七四年生まれで、元々は遠峯ありさという名前でグラビアアイドル活動をしていました。たまたま、彼女が出演していたテレビ番組を見ていた小室哲哉が声をかけ、交際開始。その後、彼女の歌声に惚れ込んだ小室が一九九五年に「アーティスト」としてデビューをさせ（どこまでが「真実」で、どこまでが「設定」であるのかがわからないというのが、まさに「プロデュース」という言葉が流行った時代のむずかしさであると思いますが）、ヒット曲を連発することになります。華原朋美という人のその後の人生は、小室以上とも言える紆余曲折を辿るのですが、それについては、ここでは置いておきましょう。

歌い手としての彼女の特徴は、高音と独特なビブラートにありますが、小室の楽曲構成は、その歌唱の特徴を酷使するようなかたちで、極端な高音域をサビにもってくるようかたちになっていることが多いです。これは華原曲のみにあてはまる特徴ではなく、小室哲哉の女性アーティスト曲全般に出やすい傾向ですね。極端な高音と転調の多用がもたらすアクロバティックな曲の展開が小室楽曲の特徴になっています。「ジェットコースターみたいな」（小室　二〇〇九：四九）構造を持った楽曲を歌いこなすという難事業によって、力量ある歌い手というイメージを人々に持たせることが可能にもなるわけです。「表現力」というイメージは、「アーティスト」としての存在感を人々に印象づけます。

このことを、90年代のカラオケブームとの関係で見て取ることもできます。アクロバティックな展開を伴った小室の楽曲をカラオケで歌うことは、むずかしいテレビゲームを攻略したかのような快感を生み出すものでもありました。小室はしばしば自身の成功の秘訣として、ダンスミュージックとカラオケの融合（小室曰く「ダンス＋カラオケ÷２」（小室　二〇〇九：一九五））という側面を語りますが、それと同時に、彼の楽曲のこのゲーム感覚も重要な要素であったはずです。彼の楽曲を攻略すべく、人々はCDを購入し、自宅で幾度もリピートしながら練習し、カラオケで友人に披露する日を待ちわびるわけです。そして、カラオケがうまくいった達成感によって、「アーティスト」たちと自身を同一化するような快感もあったことでしょう。

さらに、90年代という時代は、「音楽アーティスト」になるための「オーディション」というものが大規模に行われた時期でもあります。「オーディション・バラエティ」と呼ばれた「ASAYAN」のようなテレビ番組もありましたが（この番組から、一九九七年にモーニング娘。も生まれました）、この番組中では小室がプロデュースする新人を選ぶ「オーディション」などもあり、一九九八年に鈴木亜美がデビューしています。

この「オーディション」に見られるように、カラオケが上手く歌えれば、そのことによって「アーティスト・デビュー」という夢が叶うこともありえるわけです。「アーティスト」への同一化の先には、自身が「アーティスト」になる可能性が待っています。「CDを買う」という行動の中には、単にそれを「聴く」にとどまらず、「自己表現」、「アーティストへの同一化」、「アーティスト・デビューへの夢」などが折り重なりながら、存在していたのです。

90年代に聴かれるようになった音楽における「アーティスト」という言葉の登場は先ほども述べたように、一方では言葉の上での「歌手」の「アーティスト」への格上げという意味を持っていましたが、他方では、さまざまな音楽表現者の間の並列化という事態も引き起こしもしました。ジャンルの区分も、技術上の優劣も、作曲家も歌い手も無化して、みなが「アーティスト」というくくりに入れられるわけです。これは「アーティスト」という言葉のデフレのようなもので、その言葉が内包していた価値は低下もしています。そして、その価値低下の先には、カラオケを通じて、みなが「アーティストごっこ」ができる、そして、その先には「アーティスト」になれる可能性が待っているかもしれない、極端に言えば「一億総アーティスト」化のような状況が生じていたのです。「音楽」というジャンルが力を持っていた時期、それは「アーティスト」や「表現」なるものがそのようにかたちを変えていった時期であると言えるでしょう。人々は日常的に「表現」なるものに取り囲まれていったのです。

［7］In the Flat Field
――いまある文化風景と90年代の重なり――

いまでは想像することがむずかしいような規模のお金が動いていた90年代の「音楽」状況は、このようなかたちで存在していました。ただ、改めて見てみると、いまのわたしたちを取り巻く文化状況の下地が出来上がった時期として見ることもできるような気がします。日本の経済状況が悪化する中で、経済の目が「文化」に向けられるようになり、人々は段々と「文化」と「表現」に囲い込まれていきました。

現在、経済規模で言えば、「文化」や「表現」はこのような力を持っていません。「音楽」にとどまらず、「文学」や「映画」、「マンガ」、「ゲーム」など、さまざまな領域の「文化」が過去の盛況を保つことはできていません。ただ、それでも、このみなが「文化」や「表現」に囲い込まれている状況を、みながパソコンやスマホからインターネットに接続し、動画サイトで音楽やお笑いのコンテンツを見続けて、Ｔｗｉｔｔｅｒなんかでどこに向けたのかよくわからないつぶやきを発信し続けている現在の状況とつなぎ合わせて、見ることができるはずです。聴取→カラオケ→オーディション→アーティスト・デビューというようなはっきりとしたつながりは存在しませんが、ネットの中でわたしたちは「表現」未満の何かをし続けているように思います。あらゆるものがさらに並列化されてしまったフラットな時代ではありますが、その下地は、90年代の「アーティスト」というものがもたらしたフラット化の中にあるようにも思います。

最後にもう一点、先に紹介した『Jポップとは何か』の中で著者の烏賀陽がこの「音楽バブル」期に関しておもしろい指摘をしているので紹介しておきましょう。それは「シングル首位獲得週数」のデータを用いた、ヒット曲が売れ続けるサイクルの変化に関する指摘です（烏賀陽　二〇〇五：一〇六）。これは要はヒットチャート一位の地位をどれくらいの時期、守り続けたのかについてのデータなのですが、烏賀陽によると、上位一四曲が五位のCHAGE&ASKAの「SAY YES」を除いて、すべて、80年代初頭までの曲であると言います。つまり、莫大にCDが売れていた90年代の曲は数は売れているが、きわめて短い時期にまとめて売れる「集中豪雨型」のヒットであるということです。たしかに数は売れているのですが、それは人々の心に残り続けるかたちで売れているというよりも、高速で推移し続ける流行現象としてあるのみで、パッと現れ、パッと消えてしまう、それが「音楽バブル期」の「ヒット曲」の姿なのです。

たしかに大規模な流通状況を見ればそれはとても「ポピュラー」なものであります。だから、90年代の「音楽」を「ポピュラーカルチャー」の完成期としてみることもできることでしょう。ただ、一方でこの異常な「ヒット」のスピーディーな変化は、人々の共通の文化的関心を浸食し、摩耗していくものであったともいえるかもしれません。その意味では、「ポピュラーなもの」の摩耗をこそ、この90年代「音楽バブル」の中に見て取ることもできるでしょう。90年代の「音楽バブル」という大規模な市場化は、「ポピュラーカルチャー」にとって、その完成とも衰退の始まりともいえる不思議な状況であったのです。

読書案内

90年代の日本の音楽産業を総覧的にとらえたいのならば、烏賀陽弘道『Jポップとは何か――巨大化する音楽産業』（岩波新書、二〇〇五年）が導入として最適。産業構造や受容環境の変化を分析しながら、音楽消費大国としての日本の不思議な姿を描き出してくれている。また、最終章ではそれ以後のCD不況の状況の考察も展開されている。

「洋楽」と「邦楽」という二つの文化の絡み合いの中で展開されてきた日本のポピュラー音楽の歴史を描いたのが佐々木敦『ニッポンの音楽』（講談社現代新書、二〇一四年）。どちらかといえば「サブカルチャー」寄りの音楽を中心に話が展開されているが、「メジャー」な音楽中心の見方とは違う部分から、90年代の「音楽バブル」に至る歴史が語られている（ちなみに、ぼく個人の音楽的な好みは、ここに登場する90年代までの歴史とほぼ重なったものである）。

この章では基本的に小室ブームを中心に「音楽バブル」を語ったが、実は九八年というCDがもっとも売れた年は、すでに小室ブームも終焉に近付いており、続く宇多田ヒカルや椎名林檎、aikoといった新しい人物たちが台頭してきた時期でもある。音楽ジャーナリストである宇野維正の『1998年の宇多田ヒカル』（新潮新書、二〇一六年）は、彼女たちの歌の世界に着目しながら、九八年以降の音楽界の変化について考えようとしている。

90年代という時代をいまから見返した際には、やはり、「音楽バブル」の裏で気付かれないままに進行していた若者の「格差社会化」の問題を意識せざるを得ないだろう。一九七五年生まれの批評家杉田俊介による二〇〇五年の『フリーターにとって「自由」とは何か』（人文書院、二〇〇五年）は、90年代が終わった後に深刻化した若者の不安定雇用の問題を、当事者的な視点から、自分自身をも抉るように考察した一冊。「私たちは、もっと怒っていい」、かりそめの「音楽バブル」の下で人々が忘れてしまっていたような感情を描く。

注

（1）この変化の中で、CD以前に中心であったアナログレコードの位置付けが気になるかもしれないが、オリコンでLPチャートがなくなるのが一九八九年のことであり、この段階ですでにアナログレコードの売り上げは、意識しなくてよいものとなっていた。

（2）一九九二年には中村八大やいずみたくといった一昔前の流行曲作曲家が若くして死去し、一九九三年には、さらにその一世代上の作曲家服部良一や歌手藤山一郎が死去している。これはまったくの偶然であるが、日本の音楽世界における断絶の象徴としてみることも可能であるだろう。

（3）そもそも90年代という時代は、「アイドル冬の時代」として語られる。そのため、アイドル的位置にあった若い女性たちも、〝本格派〟的な楽曲を歌うことや作詞を担当することによって「アーティスト」的な立ち位置を用意することによって、音楽界での立ち位置を確保することが多かった。「アイドル冬の時代」は一九九七年結成のモーニング娘。のヒットで終了したとされることが多いが、モーニング娘。もまた、結成当初はいわゆるアイドルとは異なった存在としてあったように感じられる。

（4）まさにそのような議論を通じて、現代社会の見方を転換するべく、社会学者見田宗介が『現代社会の理論――情報化・消費化社会の現在と未来――』を執筆したのは一九九六年。社会学理論というものもまた、時代状況との関係の中で生まれるものだ。

（5）「作詞と作曲を両方やっているから自由度が広がる」（ぴあＭＯＯＫ　二〇一四：一〇四）というのは、この立ち位置から出た言葉であるだろう。

（6）プロデューサーとディクレターという言葉が持つ語感は、おそらく、映画と音楽において、ちょうど逆の意味になっているように思う。映画でいう「監督」に「音楽プロデューサー」は近く、映画のプロデューサーと音楽会社のディレクターは似ている。

（7）作詞家ランキングの一位は二〇一三年までは阿久悠であったが、ＡＫＢグループのヒット連発により、二〇一七年現在では秋元康になっている。

（8）小室は後に、「Ｊポップ」と「ケータイ小説」の類似性について語っている（小室　二〇〇九：九〇）。

第4回 トレンディ！な空間

[1] トレンディドラマを巡る言葉の混乱

一九九一年の一月から三月までの間、放送された『東京ラブストーリー』というドラマがあります。当時としては斬新な、ストレートなかたちで感情を表現するヒロインである赤名リカ（鈴木保奈美）を主人公に、都会での恋愛物語が展開されていくドラマです。このドラマは放映当時、放映時刻である「月曜九時は街からOLが消える」とまで言われるほどの人気を誇っており、最終回では当時のドラマとしては破格の三二・三％という視聴率を達成しました。

堀井憲一郎によれば、一九九〇年一月には七つしかなかった一クールの連続ドラマ枠は、一九九九年一〇月には一六枠まで増えていたとのことです。ドラマの放映数は90年代でグッと増えました。

「90年代はドラマの時代」（堀井　二〇〇六：一二六）だったのです。この「ドラマの時代」の先駆けともなったのが、『東京ラブストーリー』です。今回は、この〃「トレンディドラマ」を代表するとしばしば語られる〃『東京ラブストーリー』などのフジテレビの月曜九時枠、いわゆる「月9」ドラマについて考えていきたいと思います。

いま、〃「トレンディドラマ」を代表するとしばしば語られる〃とカッコをつけた微妙な表現をしたことに気付いた人がいるかもしれません。実は、「トレンディドラマ」という言葉と『東京ラブストーリー』の関係は微妙なむずかしさをはらんだものでもあるのです。

たしかに『東京ラブストーリー』は「トレンディドラマ」を代表する作品であると〃しばしば語られます〃。ちょうどこの文章の執筆中に原作マンガの続編『東京ラブストーリー　～After 25 years～』の短期連載が開始されるという報道があったのですが、それらの記事の中でも「トレンディドラマの代表作」や「トレンディドラマの代名詞」といった言葉が並んでいます。ぼく自身も放映当時からそのような呼ばれ方を聞いていたので、「トレンディドラマ」＝『東京ラブストーリー』というイメージを素直にずっと持ってきました。ただ、今回、改めて90年代前後のテレビドラマについて調べていると、次のような文章をみつけたりしました。

よく世間では『東京ラブストーリー』や『ロングバケーション』までを一緒くたにして〃トレン

ディドラマ〟と言う人がいるが、これはテレビドラマ史においては全く間違いで、トレンディドラマとは八八年の『君の瞳をタイホする！』から九〇年の『恋のパラダイス』に至るまでのフジテレビ放送によるファッショナブルな集団恋愛劇をさすのである。（小松編　一九九九：一八）

ここでは、『東京ラブストーリー』は「トレンディドラマ」ではないと語られています。そして、この文章の後に、『東京ラブストーリー』は「純愛」を前面に押し出した「ポスト・トレンディドラマ」を代表するものでとあるとされているのです。このような記述は、このほかの文章においても目にすることがありました。一方では「トレンディドラマの代表作」と語られるものが、他方では、「ポスト・トレンディドラマの代表作」として、正反対の枠に入れられています。ここには言葉の混乱が見られますね。

ただし、「文化」が社会の中で語られる場合、このような言葉の混乱はしばしば見られるものでもあるのです。社会の中で流通する言葉は、学術用語のように厳密に定義されたかたちで使用されるものではありません。それははじめからゆるやかな感覚によって規定された言葉でもあるわけですし、しかも、無数の人々が使用する中で当初とはまったく異なった意味合いへと変化してしまうことすらあるのです。辞書的な定義とその使用法が異なっていたり、もしくは、その言葉を考案した人が考えていた意味とはまったく違うものに変わってしまったりということはしばしば生じます。「文化」を研究する際には、このような「文化」に関わる言葉のあいまいさや柔軟さとともに考える必要があります。厳密な語の定義をはじめから用意して、その尺度の中へと人々が使う言葉を切り詰めてしまうことは、「文化」を論じることとは相性がよくないこともあります。

そこで、まずはこの「トレンディドラマ」という言葉の複雑さと向かいあってみましょう。

[2]「トレンディ」な時代

『懐かしのトレンディドラマ大全』という本の冒頭では、「明るくライトな80年代、バブル期を背景にした日本人の、有り余るエネルギーを映し出したのが、トレンディドラマだ」（菊屋、中田 二〇〇九：一六）と語られています。80年代後半からバブルの余波で「消費」というものが大きな力を持つ中で、「オシャレで若者に受けるものをあらゆる面で貪欲に取り入」（菊屋、中田 二〇〇九：一七）れたドラマが「トレンディドラマ」であるというわけです。オシャレなロケ地、オシャレな服装、オシャレな職業、オシャレなライフスタイル、そんなものに包まれた男女が恋愛を中心にした楽しげな日々を送る、そのようなドラマが80年代後半に登場したのです。

たしかにそれまでもそのような要素はテレビドラマや映画の中に存在していたかもしれません。ただ、「トレンディドラマ」は自覚的にそのような要素を徹底化させたかたちで表現したのです。たとえば、その初期の代表作とも呼ばれる一九八八年の『抱きしめたい！』（浅野ゆう子と浅野温子は当時「W浅野」と呼ばれ、まさに「トレンディドラマ」の象徴的存在だったのですが、この両者が揃って登場したドラマです）は「登場するのは空間プロデューサー、スタイリストといったカタカナ職業の主人公たちで、豪勢なマンションに住み、ブランドの服をきこなし、ウォーターフロントでデート、とまるでファッション雑誌から飛び出したような生活」（小松編　一九九九：一六）を送っていると紹介されています。

調べてみると、一九八六年の『男女七人夏物語』を先駆け的存在として、一九八八年の『君の瞳をタイホする！』から本格的な「トレンディドラマ」の開始と見るという歴史観が一般的なようです。『君の瞳をタイホする！』は刑事たちを主人公としたドラマですが、捜査の場面などはほぼ出てきません。渋谷の公園通りを中心に、ファッショナブルな刑事たちがコメディタッチの恋愛劇を展開するという内容です。その後も『抱きしめたい！』、『愛しあってるかい！』、『君の瞳に恋してる！』、『世界で一番君が好き！』など多くのこのようなドラマが作られていきます。先の『懐かしのトレンディドラマ大全』は「『！』な時代のドラマたち」（菊屋、中田　二〇〇九：一六）と、この「！」の文字が持つ軽さや勢いのようなものに「トレンディドラマ」の特徴を見ています。おもしろい視点であると思います。

この際にターゲットになったのが、F1層と言われる二〇歳から三五歳までの女性層、つまりOL層です。彼女たちが見たいドラマを作る、このような発想から「トレンディドラマ」と呼ばれるドラマは生まれました。彼女たちが、あこがれ、楽しめるようなドラマづくりが目指され、その発想が結晶化したものが「トレンディドラマ」なのです。

ただし、いくら「バブル期」だからと言ってこのようなライフスタイルは決してリアルなものであったわけではありません。当時から「トレンディドラマ」は、「いくらあればそんな生活を送れるんだ?」とか「いつ仕事をしているんだ?」とか、そんなツッコミを受ける存在でもありました。ただ、それでも、オシャレなアイテムとオシャレな生活を詰め込んだ「トレンディドラマ」は、「カタログ」や「ファッション雑誌」のグラビアの役割も果たしながら、人々のあこがれの対象として大きな力を持っていました。「現実的」ではなくても、そこには当時の人々があこがれ、夢見たものが描かれていたのです。当時のプロデューサーの証言の中には「ドラマとしてだけではなく情報番組としても見られることが大切なのではないか」という言葉もあります。(古池田　一九九九：一八)

日本社会は80年代を通じて「消費生活」を中心とした「消費社会」に移行していったと語られます。「トレンディドラマ」という言葉が実際にいつあらわれたものであるかはよくわかっていないようなのですが(中川右介によれば、代表作と言われる「抱きしめたい!」放映開始時にもテレビ雑誌の紹介記事にこの言葉は使われていなかったとのことです(中川　二〇一六：九六))、このような「消費社会」的な80年代後半の社会に適合した物語として、「流行」を全面的に取り入れた「トレンディドラマ」を見ることが可能でしょう。

そもそも、「トレンディ」や「トレンド」といった言葉が世の中に流通することも、「流行」や「消費生活」といったものが力を持ったことと絡んでいるわけで、「トレンディドラマ」という言葉はまさに象徴的なものということもできるはずです。ちなみに現在も存在する、ビジネス情報誌「日経トレンディ」という雑誌の発刊は一九八七年のことです。

ラフにまとめてしまえば、「トレンディドラマ」以前の時代、ドラマといえば「ホームドラマ」が主流な存在を占めていました。「家庭」というものを中心に人間関係が描かれ、そこで起きる出来事が物語を進行させていきます。テレビもまた、一家に複数あるようなものではなく、一台のテレビを巡って家族がチャンネル争いをしながら、みんなで見るようなものでした。

それに対して、一九八〇年代後半の「トレンディドラマ」の登場はこのような前提を覆しました。「家庭」を離れ「シングルライフ」を送る若い男女たちが、「仕事」よりも「恋愛」を中心に生きていくというかたちで、新しいドラマが展開していくのです。そして、このドラマを見る若い人々も、家族で揃ってお茶の間で見るような仕方でなく、個室で一人でテレビを見るという試聴形式を選択するようになりました。人々は家庭や仕事といった「現実的なもの」とは別の「リアリティ」を求めて、ドラマを見るようになったのです。「消費生活」が、人々の生活の中で、これまで家庭や仕事が存在していた場所を埋めるようになっていったことがそこには反映されています。ドラマの主流は「ホームドラマ」から「トレンディドラマ」にこのように移っていきました。この「ホームドラマ」から

「トレンディドラマ」への移行は、テレビドラマのメインステージがTBSからフジテレビへと移行したこととも重なります。

「ホームドラマ」から「トレンディドラマ」という移行の中には、もう一点、おもしろい変化をみることができます。「トレンディドラマ」登場以前に、テレビドラマで重要な役割を担っていたのは、『北の国から』の倉本聰や『ふぞろいの林檎たち』の山田太一といった脚本家という存在でした。見るドラマを選ぶ際に脚本家を基準にするということは多かったですし、宣伝などでも脚本家の名前が前面に出されました。そして、それらの脚本を映像にしていくのは演出家やディレクターという人々です。テレビドラマにおける「プロデューサー」とは、元々はキャスティングや予算管理のようなお膳立てをする仕事を主としていました（音楽における「プロデューサー」とはいささか異なる存在で、おそらく音楽におけるディレクターに近い役割を持った人々でしょう）。

この「プロデューサー」という存在が、一九八〇年代後半のフジテレビのドラマ制作ではもっと前面に出てくるようになります。(1)「プロデューサー」が「商品」という視点からドラマの企画を立て、脚本家と一緒に脚本を考え、演出にも積極的に介入していきます。たとえば、具体的なその模様は、『東京ラブストーリー』の「プロデューサー」大多亮が自らの仕事について書いた『ヒットマン』の中で見ることができます。

「月9」という時間帯枠自体が話題になるのも、脚本家や演出家が個別のドラマの中でした仕事よりも、「プロデューサー」がその枠をどのように仕掛けているのかということが大きな意味を持つようになったことを表しています。(2) 売り方についての戦略的な視点がドラマ制作の中により直接に入りこんできます。ドラマの作られ方、それ自体の中にも、「商品」という視点が入りこんできたことが「トレンディドラマ」の新しさでもあったわけです。

［3］「純愛」の時代

タイトルに溢れる「！」という文字に見られるような都会的な軽快さ／軽薄さの感覚に満ちたドラマが「トレンディドラマ」と呼ばれるものでした。そして、このような軽さの感覚を強調した視点から、改めて『東京ラブストーリー』を見てみると、ズレを感じてしまうところがあります。先に語られていたように、『東京ラブストーリー』における「恋愛」は、チャラチャラした軽いノリの中で行われるものではなく、「好きと言いたいけど、なかなか言えない」、そんな古典的な少女マンガのような実直さや切なさをもった側面がとても強いのです。楽しさを中心とした「多重恋愛」が描かれるこれまでの「トレンディドラマ」とはまったく違う様の「恋愛」が描かれています。

そして、タイトルにあるようにたしかに舞台は東京です。いまから見れば、バブル気分がまだ残っていた東京の風景は華やいで見えるものかもしれません。それでも、オシャレな都会のスポットが舞台と紹介されるほどのものかと言えば、それほどでもありません。ためしにオープニング映像を見てみましょう。最後の方に東京タワーや高層ビルは映りますが、マラソンする人とか通勤する人とか大量に並ぶ公衆電話とかそんな風景ばかりです。オシャレスポットというより、都市のサラリーマンの普通の生活風景に近いです。ドラマのロケ地もまた、調べてみると品川区の上大崎が多めだったりします。そこまではオシャレな場所ではないですよね、上大崎って。

つまり、「トレンディドラマの代表作」と言われる『東京ラブストーリー』も、そのイメージを外して見てみると、過度にオシャレではないですし、いわゆる〝バブルっぽい〟派手さみたいなものも希薄な作品なのです。この辺りが冒頭で言ったような「ポスト・トレンディドラマ」や「純愛ドラマ」としてこのドラマが評価される理由でしょう。当時、連続してドラマを見てきた人たちにとっては、これまでの流れとは異質なドラマとうつったことでしょう。楽しさよりも、切なさや泣けることが重要なものになっていました。

このような変化は作り手の側が意識して起こしたものでもあります。80年代後半にはじまった「トレンディドラマ」の隆盛は90年代に入ると衰退していきます。八九年の『愛しあってるかい！』は最高視聴率二六・六％、九〇年の『世界で一番君が好き！』は二五・五％と高い視聴率をとっていたのですが、同年の主役級の俳優を多数配し、タイトルバックをグアムで撮影するといったように力を入れた「トレンディドラマの集大成」とも言える『恋のパラダイス』は最高視聴率一七・四％と「ストンと受けなく」なります（古池田一九九九：二〇）。なにがその変化をもたらしたのかについては多様な要因があるでしょうが、これまでの「トレンディドラマ」は急激に「トレンディ」なものではなくなります。

そこで作り手たちは「一八〇度企画の発想を転換して、賑やかな集団恋愛劇ではなく、ひとりが誰かを思うという純愛を描いた」（古池田一九九九：二〇）作品をつくることを考えます。フジテレビのプロデューサーである大多亮は「視聴者の〝あこがれ〟の対象を、物欲的なことから〝恋〟そのものにすればいい」という判断をこの前後からもっていたと語っています（大多一九九六：三四）。そこで〝一途な恋〟をモチーフとした『すてきな片想い』というドラマが一九九〇年の一〇月から放映されることになります。これまでの、「華麗な多重恋愛をしながら〝よりいい恋〟を探」すという「恋愛像」ではなく、「決して揺れない、一途な恋を描いていこうと」いう思いで作られた作品です（大多一九九六：三六）。「もう背伸びをするのはやめようという気持ちから……カタカナ職業は出てこないし、セットも前のドラマよりかなり小」さいものにしたと語っています（大多一九九六：三七）。この決断は勇気のいる路線変更だったようですが、幸いにして成功し、徐々に視聴率を上げ、最高視聴率二六・〇％を達成します。

この「純愛路線」の成功によって、翌年『東京ラブストーリー』が誕生することになりました。そして、先も語ったように、当時のドラマとしては奇跡の視聴率の三〇％超えを達成するという大成功を収め、同年の『一〇一回目のプロポーズ』や九三年の『あすなろ白書』といったヒットドラマにつながり、月曜九時フジテレビ枠＝「月9」というブランドを生んでいくことになるのです。「消費」的な感性に基づいた80年代的な「トレンディドラマ」が「純愛路線」に変化していくことは、80年代から90年代における、文化の変化をあらわしたものでもあるでしょう。

［4］「恋愛」という「トレンド」

このようにして「トレンディドラマ」という流れは「純愛」を中心にした形態のドラマへと変化していきます。ただし、作り手側は「純愛ドラマ」によって「トレンディドラマ」を否定しようとは考えていませんでした。プロデューサーの大多亮は「トレンディドラマのポイントを変えただけで、いってみればリニューアル」（大多一九九六：三七）と、この移行について語っています。「物欲的なトレンディから地味な純愛路線」（大多一九九六：三七）は、実際には「脱流行」や「脱消費」を直接に意味しているわけではありません。

たとえば、『東京ラブストーリー』の脚本家・坂元裕二は「主人公たちを地面より五センチあがったところで描きたかった」（古池田一九九九：九七）と言っています。この「五センチ」という微妙な浮き上がり方が大事なものである気がします。これまでの「トレンディドラマ」はこの「五センチ」に比べたら、おそらく数十センチ浮き上がったところでドラマが進行していきました。ウォーターフロント、ブランドの服、カタカナ職業、そして「！」。それらはキラキラ輝くあこがれの対象でした。でも、背伸びばかりしていたら疲れてしまいます。そこで、ちょっとは自分にあてはまるかもしれない、でも、やっぱり、あこがれてしまうステキさはある、それがこの「五センチ」という微妙な距離感でしょう。

さっき、『東京ラブストーリー』のロケ地の上大崎をオシャレではない場所のように名を出しましたが、少し歩けば、中目黒、そして代官山です。その辺りの風景もドラマの中ではうつしとられています。彼らの服装、彼らの職業、彼らの住んでいる場所、どれをとっても、やっぱり「オシャレ」ではあるんですよね。そもそも、美男美女で構成された世界ですし。それはやはり「現実的」なものではありません。「現実」から浮き上がっています。「純愛トレンディドラマ」がもたらしたものはこの「五センチ」の感覚、あこがれながらも、自分たちの生活のリアリティをどこかに重ね合わせることができる視点みたいなものだったと思います。その意味では、「消費社会」的なものはやはり作品世界に混入しているのです。

たとえば、これから、『東京ラブストーリー』と同じ柴門ふみのマンガが原作のドラマ『あすなろ白書』の第六話を見てもらいます。主役の女子大生・園田なるみ（石田ひかり）は同じ大学の掛居保（筒井道隆）のことが好きなのですが、すれ違いから別れることになってしまいました。そんななるみのことを好きな取手治（木村拓哉）という大学生がいます。このドラマの中盤は掛居と取手の間で揺れるなるみの心情をメインに展開していきます。第六話はクリスマス前後の時期を舞台にした話です。

街のショーウインドウの前でふと掛居のことを思い出しながら立ち止まってしまっていたなるみの姿に気付いた取手が「何見てたの？」と声をかけます。なるみはその声で我に返り、誤魔化すように目の前にある一二万八〇〇〇円のイヤリングを指差し「あれ、素敵だなと思って」と口にします。その時は「俺、ひと月暮らせるよ、やってらんないね」と答えた取手ですが、その後、しばらく大学の授業には顔を見せなくなります。その後、紆余曲折あり、なるみは掛居に対してもう一度やり直そうと「クリスマスイブに大学のツリーの下で待っている」と手紙を用意するのですが、これまた紆余曲折あり、その手紙は掛居のもとには届いていませんでした。そのため、なるみはクリスマスイブの寒さの中、ツリーの下で待ちぼうけをする羽目になってしまいます。なんと七時から一二時までの間です！　さらにそんな五時間待ち続けるなるみの姿を同じように延々と見守っていた人がいます。取手です。そして、取手はそっと「メリークリスマス」と言って、小箱を差し出します。その中には例の一二万八〇〇〇円のイヤリングが入っています。取手はこれを買うために、黙々とアルバイト生活を送っていたのです。その上、取手はそれをなるみにつけてやろうとするのですが、ついそれを落としてなくしてしまいます（かわいそう……）。それを必死に探す取手の姿を見て、なるみは取手の気持ちの深さに気付き、大学内で一夜を共にするのです。その後、すれ違いに気づいた掛居は急ぎ大学にやってくるのですが……というところでこの話は終わります。

木村拓哉がイヤリングを出すシーンを見て、思わず「重！」ってつい声を上げてしまった人がいましたね（笑）。いまの感覚からすると「一二万八〇〇〇円」って「重い」ですよね。むしろ、急に付き合ってもいないクラスメイトから渡されたりしたら、うれしさよりも、その「重さ」にドン引いてしまう人も多いのではないかと思います。キムタクですら、このドン引き感なわけですから、いま現在、普通の人がこれをやったとしたら……とゾッとします。

ですが、これが「90年代の恋愛ドラマにおけるリアリティ」というものです。当時もこの金額は「現実的」なものではなかったことでしょう。ただ、それでも、これが「ありえるかもしれない」というあこがれの感覚を伴った「五センチ浮き上がった世界」として流通していたのです。『あすなろ白書』は掛居保が苦学生であるという設定で、授業料が準備できずに退学することになるかもしれないというエピソードがあるように、当時としては、「バブル」的感触が薄かったドラマでもあります。ただ、そこですら「一二万八〇〇〇円」という金額が登場し、それに（当然、それだけではないのですが）「愛」を感じるわけです。当時における「恋愛」と「お金」の関係というものが、意識されずに描かれているだけに、実感できるエピソードであると思います。

「クリスマスに彼女とHしたかったらホテル一流、贈り物給料一カ月分だと」だとか「ホテル、レ

ストランは超満員　若者のクリスマスバカ騒ぎ　もういいかげんにせい」だとか、そんな特集が一九九〇年には雑誌にはあふれていましたし（堀井　二〇〇六：五五）、テレビなんかでもそんな煽りは散々語られていました。90年代のクリスマスはとても「高い」ものだったのです。みんなが「恋愛」に目を輝かせ、そして、そのことに対してお金をつぎ込んでいた。ここでの「恋愛」は、「消費社会」の中に完全に包括されています。

「トレンディドラマ」が用意した「純愛」は、「流行」や「消費」を否定するものではありませんでした。たしかに80年代後半の「トレンディドラマ」の如き、ギラギラした「流行」や「消費」は描かれてはいません。ただ、そのような熱気に満ちた「消費」へのあこがれは消えたとしても、むしろ、あまりに当たり前になった「消費生活」は背景として存在し続けるのです。その「消費社会」の中の新たな「トレンド」として「恋愛」が立ち上がったというように見ることができるでしょう。「恋愛」こそが「流行物」となり、もはや「消費」にすら飽きてしまった人々に、新たな熱中の対象として与えられることになりました。90年代は生活の中で「恋愛」が大きな比重を占めるようになった社会なのです。その意味では、『東京ラブストーリー』などの「純愛ドラマ」を、90年代的に変形された「トレンディドラマ」と見ることができるでしょう。

［5］トレンディドラマと音楽

さて、ここで唐突に前回扱った音楽に話題をうつしてみます。90年代半ばに圧倒的な小室哲哉ブームが起こったという話をしましたが、それ以前にCDのヒットチャートを賑わしていたのは、主にテレビドラマの主題歌、特に「トレンディドラマ」の主題歌なのです。一九九一年の年間CDランキングは『東京ラブストーリー』の主題歌である小田和正の『ラブ・ストーリーは突然に』が第一位で二五四・二万枚の売り上げ、続き、『一〇一回目のプロポーズ』の主題歌、CHAGE&ASKAの『SAY YES』が二五〇・四万枚で第二位です。このヒットは単に曲が良かったからというだけではなく、その売れ方を見ると、ドラマ本体との相乗効果であることがわかります。『ラブ・ストーリーは突然に』はドラマがスタートしてから一週間で一気に一〇〇万枚を突破します。『SAY YES』はさらに売れ方が特徴的です。前の章の最後で、音楽ソフトの売れ方が一九九〇年代以降、一時的にパッと売れる「集中豪雨」型にシフトしたと語りましたが、この曲はそれのほぼ唯一の例外で、一三週間連続で売り上げ首位をキープしています。この一三週ってなにかと言えば、これ、ほぼドラマの放送期間のことですよね。(3) いわゆる1クール。つまり、ドラマが放映中は主題歌が売れ続け、終わったらパタッと売れなくなったということです。

元々、テレビから徐々に歌番組が消えつつあった一九九〇年前後、音楽会社はテレビでのCMやドラマとの「タイアップ」に希望をつないでいるところがありました。一九九〇年代のシングルのヒット曲を見れば、ほぼテレビの主題歌になったものとCM曲ばかりが並んでいます。その状況の中で、この「月9」枠の二曲の大ヒットは「タイアップ」文化の追い風となりました。「ドラマ」と「音楽」の結びつきは大きくクローズアップされることになります。「ドラマ」が受ければ「音楽」は売れるし、「音楽」が受ければ「ドラマ」の人気はさらに高まります。音楽業界はヒットするであろう「ドラマ」との「タイアップ」に向けてラブコールを送るようになるし、テレビ業界も主題歌の選曲が大きな意味を持つと考え、良い曲を必死に探すようになります。

大多亮は「トレンディドラマ」の三つのポイントとして、①ロケ地、②衣装、③音楽をあげており、ここにも「トレンディドラマ」と「音楽」の結びつきを見ることができます（大多　一九九六：一〇）。「音楽から触発されたドラマや、歌詞からのイメージでストーリーが出来たってかまわないのではないだろうか」（大多　一九九六：一二）と彼は語っています。初期においては、この彼の考え方は周囲から一蹴されたとのことなのですが、後の展開を見ると、彼の判断の正しさはわかりますよね。彼の音楽に対する思い入れは、『東京ラブストーリー』の主題歌を当時すでに大物的存在であった小田和正に発注しておきながらも、書き直しの指示を伝えるというところにもあらわれています（大多　一九九六：四八）。その後、やってきた『ラブ・ストーリーは突然に』は、彼にとって聴いたとたんに鳥肌が立つほどにイメージに合致したもので、「主題歌を聴いただけで、アドレナリンが湧き出て、イメージが次々と膨らんでくる」ようなものでした（大多　一九九六：四九）。そして、ドラマは実際に大成功します。彼の「主題歌の良し悪しが、ドラマを大きく左右する」という考え（大多　一九九六：七二）は思った以上のかたちで証明されたわけです。この成功は「ドラマ」と「音楽」の関係を大きく変えます。この「ドラマ」と「音楽」の相乗的関係が大きく〝化けた〟九一年の「トレンディドラマ」の中では一体、何が起きていたのでしょうか。

それは『東京ラブストーリー』や『一〇一回目のプロポーズ』での音楽の使い方を見てみればわかります。適当に『東京ラブストーリー』の話を選んで見てみましょう。ドラマの冒頭で、前話のラストシーンを受けて、物語の続きが動き始めます。そして、一定の展開を見せ余韻を残したところでタイトルバックが登場し、印象的なイントロの後、主題歌がはじまります。さて、続いて、ドラマ終わり間際三分前くらいのところまで話を飛ばしてみましょう。ヒロインが自分を待っていることに気付く男。「あいつ……」。呟いて部屋を飛び出します。そこにかかる印象的なイントロ。走る男。ここでも主題歌。そして、次回が気になるようなところでドラマは終わります。そして、翌週また、それを受けたシーンからタイトルバック、主題歌。そんな構成ですね。冒頭で主題歌が流れ、多くの回でラストに再度主題歌が流れるパターンになっていますが、それだけでなくドラマの中でアレンジを変えた主題歌のメロディもさまざまな場面でしばしば流れています(4)。

いま見てもらってそう感じた人も多いと思いますが、ドラマの粗筋、よく知らないまま見ても、なぜか気分は盛り上がります。なんか、泣けますよね。そして、主題歌がとてもよく頭に残ります。これ、くりかえしやっていたら、もう自然にドラマの主題歌聴いた瞬間に泣けるようになってくるのではないでしょうか。イントロが流れる→泣きのスイッチ・オン！みたいに。実際に『東京ラブストーリー』の演出家は自分たちの音楽の使い方を「パブロフの犬現象」と呼んでいます（笑）。「視聴者を〝イントロが流れた瞬間、涙が出る〟という状態にいかに持っていくかを主眼にドラマを作っているような感じがありましたからね」（古池田　一九九九：一七八）とまで言っています。

このような音楽の「パブロフの犬」的な使い方は、映像の演出をする人間からすれば、あざとすぎて、かっこ悪く思えるところもあるかもしれません。実際、「純愛ドラマ」路線の第一弾である『すてきな片想い』では、プロデューサーと現場の演出家の間で衝突が起きています。演出家は洋楽の劇伴をこのドラマで使いたがっていたのですが、プロデューサーである大多は大先輩であるこの演出家の意図に対して、現場演出の領域にまで入りこみ中山美穂が歌う主題歌をかけるという指示を出しました。この衝突によって、ある種の覚悟ができ、「そういう思いを全部、『東京ラブストーリー』以降の番組にぶつけていった」（古池田　一九九九：八八）とのことです。その試みはたしかにドラマとＣＤそれぞれのヒットというかたちで成功しました。

[6] ポップスの空間

BGMによって気分が高揚する。これはドラマを見ている時だけの出来事ではないですよね。わたしたちが生きている都市空間には音楽が充満しています。一二月ともなれば、街を歩いていれば、昔ながらのクリスマスソングや山下達郎の『クリスマス・イブ』なんかも流れています。店の中に留まらず、道路や公共空間なんかにも音楽は流れています。意識して歩いてみると、都市空間は音楽だらけです。そのように音楽が存在することによって、都市の空間は、単に建築物が並んだ無機的な空間ではなく、華やかでドラマティックな空間であるかのように感じられます。クリスマスシーズン、山下達郎の歌声がきこえる中、カップルで街を歩けば、ちょっとしたドラマの登場人物になったような気分になれるはずです。

クリスマスシーズンに山下達郎の曲が街中で流れるようになったきっかけは、一九八九年からはじまった『クリスマス・エクスプレス』というCMシリーズです。一九八七年に国鉄分割民営化によって誕生したJR東海（これも前章で見たJ○○の誕生の一つですね）は、同年から遠距離恋愛をモチーフにした新幹線のCMを開始します。これは最終の新幹線で離れ離れの恋人たちが週末に会うという内容で、八七年に松任谷由実の『シンデレラ・エクスプレス』という曲をモチーフにしたものでした。そして、その派生版として一二月用につくられたのがこの『クリスマス・エクスプレス』というＣＭです。最終の新幹線で帰ってくる男性をホームで待つ女性の姿と、その後の再開のシーンが山下達郎の歌声とともに映されています。このＣＭが、山下達郎の曲を、あたかも日本のクリスマスのテーマ曲であるような地位まで引き上げたのです。

このＣＭではなにげない新幹線のホームという場所が、オシャレな「ポップス」によって、とてもドラマティックな空間に変貌しています。ためしに、音を消してこのＣＭを流してみましょう。一気にこの光景は奇妙なものに見えてきます。場違いに派手なオシャレをした女性と、奇妙なパントマイムをしながらプレゼントを渡す男性、無機的なホームという場所においてはとても場違いです。それでは、もう一度、音声を付けて見てみましょう。一気に、とてもオシャレな映像に変化しますよね。これくらい、後ろで流れる音楽は、この映像にとって大切なものなのです。「ポップス」の効果的な使用によってオシャレでドラマティックな空間を演出する、このＣＭは先ほど確認した「トレンディドラマ」的な音楽使用の先駆的なものとして見ることができるでしょう。

このＣＭや「トレンディドラマ」みたいな世界に対しステキ！などとあこがれ、できることなら、こんな世界を生きてみたいという人々の夢を叶えるべく、都市の中には「ポップス」が流れ続けています。スキー場のようなリゾート地に行っても、松任谷由実の『恋人はサンタクロース』などの「ポップス」が流れています。音楽があれば、ちょっとした場所が瞬時にオシャレな場所となります。

宮台真司らは『サブカルチャー神話解体』の中で、音楽が持つ「コミュニケーションのシーンを演出する機能」である「シーンメイキング機能」というものに注目しています（宮台、石原、大塚　二〇〇七：一八九―一九〇）。オシャレな「ポップス」は、空間に浸透しながら、その場の空気をオシャレなものに変えていきます。(5)

ここで大事なことは、「〈シーンメイキング〉な音楽が上昇したのは、オシャレな場所が増えたからでは」なく、逆に「オシャレな音楽がオシャレな場所を発見していった」ということです（宮台、石原、大塚　二〇〇七：一九九）。オシャレな音楽でオシャレなコミュニケーションをするために、それに適したそれなりの場所が探しだされ、「ポップス」が流されるようになり、そこがオシャレなスポットに変形していったというわけなのです。このようにして、都市の中の空間がどんどんオシャレなものに変貌していきます。そして、そのオシャレさに合わせて、その空間それ自体も、新たにつくりなおされていき、都市はさらにオシャレな恋愛をするのに適した場所へと変化していきました。それは「消費空間」として地ならしされていくことでもあったはずです。

「ポップス」が流れていることによって、ドラマのような恋愛のイメージにひたることができる、つまり、ドラマの主人公たちに「なりきる」ことができる、このような感覚が都市空間の中で80年代後半から90年代前半にかけて誕生しました。音楽によって、気分が変わり、ドラマの登場人物に「なりきり」、そして、彼らのようなコミュニケーションを楽しむ。消費空間における日常生活は、そのようにして「五センチ」浮き上がるような感触を生み出すことを可能にしました。人々は、「ポップスの空間」としての都市を生きるようになったのです。このように、音楽が「なりきる」ツールになったことは、後の「カラオケ」や「オーディション」における、歌うことで「何かになろうとする」感覚を生む土壌ともなったはずです。消費社会での日常生活は、どこか、虚構的なものへと姿を変えていきました。

〔7〕東京という夢の拡散

「トレンディドラマ」の立役者の一人とも言えるプロデューサー大多亮は自身がつくりたかったドラマについて「見てる間はワクワクしたり、切なく涙したりしながらも、見終わった後は、元気や勇気がわいてくるような、そんなポジティブなラブストーリーを作っていきたかった」(大多　一九九六：一三四)と語っています。それは「見たあとに人生観が変わったとか、その人の生き方にまで影響を与えることはまずない」、「毒にも薬にもならない」ものであると彼は語ります。ただ、「でも、ちょっぴり感動できて温かい気持ちになれる」ものでもあるのです(大多　一九九六：一三四―一三五)。この「毒にも薬にもならない」という言葉は、卑下などではなく、むしろ、「ポピュラーカルチャー」としての自信と矜持のようなものでしょう。(6)

「文学」や「芸術」などに対する卑屈さなどなく、人々が見たいもの、あこがれるようなものを探り、それに答えた表現が「トレンディドラマ」であり、この「トレンディドラマ」は実際に、新たに姿をあらわした「消費社会」的なものに適合する表現であったために、大きな成功を与えました。人々は「夢」や「あこがれ」をその中に見いだしたのです。それが「ポピュラーカルチャー」というものの力なのです。

ただ、一点、最後に考えておく必要があると思います。それは「トレンディドラマ」が「都市」という場所を舞台にした「夢」を表現したものであったということです。もっと言ってしまえば、「都市」というよりも「東京」という固有の場所です。多くの「トレンディドラマ」の内容は、まさに「東京でのラブストーリー」です。

『あすなろ白書』の脚本家、北川悦吏子はこのドラマについて語るエッセイの中で「田舎の若者が東京に出て来て一番嬉しいのは、標準語で、まるでドラマのような恋愛が出来るということだった」（北川　一九九四：三二）と語っています。彼女は、まさに「東京」という場所に「ドラマ」のようなものを感じ、そして、そこであこがれていたものを使って新たに「ドラマ」を作ったのです。また、『懐かしのトレンディドラマ大全』の中には、「トレンドを追っかけた男性は、実は地方出身者が大半だった。大胆に言うと、トレンディドラマは〝ヤンキーカルチャー〟を否定していたのである」（菊屋、中田　二〇〇九：一七）という一節があります。これらの発言の中にあるのは、「トレンディドラマ」

というのは、「地方出身者」の「東京へのラブストーリー」であったという感覚です。その意味では、「トレンディドラマ」が描こうとしたものは、「都市」という場を舞台にした「夢」や「あこがれ」などではないのかもしれません。「東京」の中での出来事やアイテムが「夢」や「あこがれ」の対象であったのではなく、そもそも、「東京」という存在それ自体が、「夢」や「あこがれ」の対象であったということもできるでしょう。

「トレンディドラマ」は日本中に放送され、「都市」や「東京」という「夢」や「あこがれ」を至るところに拡散していきました（そして、近年、東アジア圏からの留学生と話していて、彼らが日本の「トレンディドラマ」へのあこがれを語る場面に遭遇することもあります）。「東京」という「夢」が「ポピュラーカルチャー」として広がっていたこと、それがもたらしたものがなんであったのかは、いま少し、考えてみるべき必要があることでしょう。

読書案内

中川右介『月9』（幻冬社新書、二〇一六）は、ていねいに「月9」ドラマとその周辺情報を集めた新書としては厚めの一冊。とても便利な本であったのだが、実は、この章の原稿がほぼ完成した後に発売された本で、〝もう少し早く出てくれていればもっと楽に書けたのに……〟という気分にも。前章の読書案内で紹介したような90年代の音楽に関する新書が近年、多く出版されはじめていることからもわかるように、「90年代」という時代が、徐々に語られるべき「歴史」になったということでもある。しばらくの間、90年代カルチャーを考察した本の出版は続くように思う。

速水健朗の『タイアップの歌謡史』（新書y、二〇〇七年）は、日本の歌謡音楽の歴史をタイアップという視点からまとめた本。前回と今回の話をつなぐ視点を提供してくれるはずだ。

宮台真司らによる『増補　サブカルチャー神話解体』（ちくま文庫、二〇〇七年）は、マンガや性表現に関する論考もおもしろいが、本章との関係から言えば、音楽ジャンルを、その受容者の享受の仕方から分析する議論が有用。後の回で語る予定の「フォーク・ミュージック」に関する議論にもつながる部分である。九三年というこの原本が出版された時代の文脈を意識しながら、この本に書かれていることを考えてみるのもおもしろいはず。

「東京」という街については、東浩紀と北田暁大による対談本『東京から考える』（NHKブックス、二〇〇七年）がおもしろい。刊行から時間が経ってしまっているが、それでも、郊外の「ジャスコ化」をめぐる両者の立ち位置の違いからはじまる議論は、街というもののあり方を考える際に、いまでも有効な視座を多く与えてくれる。

注

（1）ただし、「トレンディドラマ」の流れを生んだプロデューサー大多亮がこんなドラマをつくりたいと思ったきっかけは、鎌田敏夫脚本の『男女七人秋物語』であり（大多　一九九六：一一）、「脚本のTBS」から「プロデューサーのフジテレビ」という移行は、前者的なものの後者による読みかえと見ることができる。

（2）『一〇一回目のプロポーズ』や『高校教師』などの作品で名を馳せた脚本家である野島伸司はその状況下では脚本家の名前がかなり前面に出ているという意味で、いささか特権的な存在であるかもしれない。

（3）この『SAY YES』大ヒットの余波をもろに受けたのが、SMAPという存在である。彼らはジャニーズ事務所のタレントとしては珍しいデビューシングルで一位をとれないという結果に終わったが、その「失敗」によって、SMAPの活動はこれまでのジャニーズ事務所の他のアイドルとは違う方針で展開され、逆に彼らの独自の位置を生み出すことにもなった。

（4）『東京ラブストーリー』では、サウンドトラックCDを発売するという決定をすることで、そのCDの制作費もBGMの予算として回せるようにして、通常よりも高いクオリティのBGMを用意するという戦略もとられている（古池田　一九九九：一七八）。

（5）宮台らは、もともと、一部のマニアックなリスナーの諧謔的な聴取の対象であった〝シャレた〟「ポップス」というジャンルが、その表面的な「オシャレさ」ゆえに〈シーンメイキング〉な使用法にも適したものであり、それゆえに都市を記号的に消費するために適したツールとして氾濫するようになったという聴取の在り様の変化を語っている。（宮台、石原、大塚　二〇〇七：一五六‐一六三）

（6）大多は一九六〇年代の加山雄三の「若大将シリーズ」のポジティブさや明るさを高く評価し、その後の「暗くて、文学的で、崇高なものになってしまった」日本映画について、嘆いている（大多　一九九六：一四七）。ここにも、「大衆文化」に対する肯定的なまなざしが存在している。

第5回 少年ジャンプの弁証法

［1］少年ジャンプの時代

これまで90年代の文化として、「Jポップ」と「トレンディドラマ」についてお話してきました。これらはどちらかというと、女性向けの「ポピュラーカルチャー」として存在していたものです。「トレンディドラマ」はOLを主なターゲットとしてつくられたものでしたし、小室哲哉が手がけた「アーティスト」たちについて話すときもどちらかといえば、「オーディション」の話に結びつけるように女性層の受容についてお話してきました。

であるとしたら、若い男性たちはその頃、どんな「ポピュラーカルチャー」を消費していたのでしょうか？　その代表的なものを一つあげるとしたら、マンガがあるんじゃないかなと思います。いまだと、電車の中でも多くの人はスマホを眺めていますし、この講義中だって退屈している人はスマホの画面をみていることでしょう。ぼくが学生の頃は、そのスマホにあたるものがマンガ雑誌だった気がします。電車の中でも、多くの男性はマンガ雑誌を広げていたし、大学や予備校の後ろの方の席ではマンガ雑誌を読む人たちが固まっていました。授業が終わると、よく教室の机の上には読み終わったマンガ雑誌が放置されていたものです（それを拾って読むなんてことをたまにしていました）。青年マンガ誌も読まれていましたが、どちらかというと、そこでは少年ジャンプや少年マガジンなんかの少年マンガ誌こそが読まれていた気がします。いまのようにアニメを大学生が見るというのは一般的なことではありませんでしたが、マンガというのはとても「ポピュラー」な存在でした。今回はこの少年マンガ誌の中でも、特異な人気を持っていた週刊少年ジャンプについてお話します。

ためしにその発行部数を見てみれば、90年代の週刊少年ジャンプの勢いというのはわかります。一九六八年の少年ジャンプの創刊号の発行部数は一〇万五〇〇〇部程度だったといいます。すでに少年マガジンやサンデーが誕生している中で後発誌として誕生した雑誌でした。この段階ではどちらかといえば、そこまで大きな存在感はありません。後発誌であるために、すでに人気作家を既存誌に確保されており、新人作家たちを中心に雑誌をつくらなければならなかったことの影響はあるでしょう。

しかし、その後、永井豪の『ハレンチ学園』や本宮ひろ志の『男一匹ガキ大将』といった作品がヒットし、少年ジャンプは一気に部数を伸ばしていきます。一九七一年には一〇〇万部を突破。一九七三年には少年マガジンを追い抜き、雑誌発行部数で首位に立ちます。その後も順調に七八年に二〇〇万部、八〇年に三〇〇万部、八四年に四〇〇万部と部数を伸ばしていき、創刊二〇周年にあたる八八年にはついに五〇〇万部を突破します。歴代最高部数は一九九四年の一二月（一九九五年三―四号）に記録した六五三万部、これまたいまの視点から見れば90年代のＣＤの売り上げ枚数と同じくおどろくべき数字です。

ただし、その後、少年ジャンプの発行部数は徐々に下がっていきます。一九九七年には四〇五万部[1]、二〇〇三年には三〇〇万部、二〇一五年のデータでは二四〇万部となっています。これまたＣＤと同じように、全盛期と比較すると圧倒的な下降傾向ですね。少年ジャンプの場合、この数字の下降は経済動向全体の変化などよりも、はっきりと掲載作品の変化と関係づけることができる気がします。ジャンプの部数が減少に転じたのは大ヒットマンガ「ドラゴンボール」が一二年近い連載を終えた年のことです、さらに大きな下降が確認できるのも、「スラムダンク」という大人気のマンガが終了した一九九六年の翌年のことです。かなりの部分、少年ジャンプの部数の上昇下降は、人気マンガの存在感と関係づけることができます。

今回から80年代の「ポピュラーカルチャー」についてお話ししていこうと思います。そこで、80年代的な「ポピュラーカルチャー」の代表として「少年ジャンプ」を扱ってみます。あれ、さっき、少年ジャンプの最盛期は90年代前半と言ったじゃないか?と思った人がいるかもしれません。その通り。少年ジャンプがもっとも売れたのは90年代前半の間です。ただし、後で詳しく説明していきますが、この少年ジャンプの隆盛を生み出した「ジャンプ的な感覚」は基本的には80年代の内に生み出されたものであると考えています。80年代の内に誕生した「少年ジャンプ的なもの」が90年代前半まで加速し続け、その後、90年代半ばに失速を始めた、そのようなイメージですね。だから、今回は少年ジャンプ最盛期を生み出したと言える「80年代ジャンプ」について考えていきます。

ここでいう「少年ジャンプ的なもの」とはどのような内容を指すかといえば、やはり、「バトルもの」です。主人公が強力なライバルと出会い、なんからの「バトル」を繰り広げながら成長していく、そのような「成長物語」が少年ジャンプの人気を支える核にあります。先ほど、名前が登場した『ドラゴンボール』や『スラムダンク』も、そのジャンルに入るかと思います。しばしば語られる少年ジャンプのキーワードとしての「努力・友情・勝利」を体現したような作品たちです。

このキーワードの起源は古く、同誌の前身誌である少年ブックから引き継がれたものであるようなのですが、その一つの現れ方である「バトルもの」が現在あるようなフォーマットとして大きなかたちを成すようになったのは、おそらく、一九七七年開始の『リングにかけろ』の中盤くらいから。そして、一九八〇年代に『キン肉マン』、『キャプテン翼』、『北斗の拳』、『ドラゴンボール』などのヒット作を経て、「ジャンプ的なもの」としての「バトルマンガ」が定番化していく流れでしょう。これらの「バトルもの」の定番化が少年ジャンプの人気を大きなものとしていきます。

少年ジャンプの勢いが加速していた80年代後半、ちょうどぼくも小・中学生だったので、少しでも早く読みたくて、一日早く日曜日の朝に売っている店の噂を聞きつけて、友だちと集まって開店前から長蛇の列に並んだりしました。友だちと買いに行っているのに、一秒でも早く読みたいから買うとができたらすぐに別れて、走って家に帰って一人で読んだりとか（笑）。兄弟が読み終えるのを待ちきれずに、兄弟で一冊ずつ買っている家庭があるなどという噂を聞くことなどもありました。本当かどうかはわかりませんが、その話に真実味があるくらい、全盛期の少年ジャンプにかける少年たちの熱量はものすごかったのです。全盛期の発行数を見ればわかるように子どもだけに留まるブームではなく、大人もかなり読んでいました。ぼくの親も毎週、ぼくが買ったものを読んでいましたしね。

冒頭で話したように、大学生や社会人も読んでいるのをよく目にしました。

今回は、そんな少年ジャンプの80年代、特に「バトルもの」というジャンルについて考えていきます。「バトル」が少年たちの、そして若い男性たちの「ポピュラーカルチャー」だったということは、なにを意味しているのでしょうか。

［2］少年ジャンプの弁証法

ここで相当に唐突と思われるかもしれませんが、哲学者G・W・F・ヘーゲルの「弁証法」についてお話しします。ちゃんとあとでジャンプに話を戻しますのでご安心を。ヘーゲルは一八世紀から一九世紀にかけてその思想を展開した人物で、しばしば「近代」という時代を体現したような思考枠組を語った人として語られます。

彼の「弁証法」とは簡単にまとめてしまえば、「正―反―合」という形態で展開されていく思考のことです。ある一つの命題が存在したとします。これを「テーゼ（＝正命題）」と呼びます。ただし、この「テーゼ」に対しては、それに矛盾したり、それを否定したりするような「アンチテーゼ（＝反対命題）」というものも存在します。命題にはたいていの場合、それを否定するような出来事や、それでは説明できない事態、もしくはその命題自体の中の自己矛盾などが存在するわけです。そのようなものが「アンチテーゼ」です。思考は、この「テーゼ」と「アンチテーゼ」を関係づけながら、それらを「アウフヘーベン（＝止揚、揚棄）」し、「ジンテーゼ（総合命題）」という新たな命題をつくりあげます。「テーゼ」と「アンチテーゼ」のぶつかりあいの中で、両者の関係を考えていくことで、それらが調停された新たな観点が生まれます。しかし、この一度設定された「ジンテーゼ」に対しても、新たな「アンチテーゼ」はありうるわけで、そこから次の思考が展開され、思考はさらに高次な段階へと展開されていくことになるのです。ヘーゲルの『精神現象学』は人間の意識が他のものと出会いながら、このような「弁証法」的過程を繰り広げていくことで、「知」の完成へと向かっていく過程を叙述したものです。

抽象度が高い話になったかもしれませんが、具体的に科学における思考の進め方なんかを考えていけばわかりやすいと思います。これまで存在していた知的体系では説明できない事態が発見される、そうしたら、それをどのように説明するかを科学者たちはいろいろ考えながら、その事態を説明できるように新しい知的枠組を生み出そうとします。そのようにして、科学は発展してきましたし、またそのような科学に支えられることで、「近代」という時代は推進力を得て、これまでとは違った新しい世界をつくりだしてきました。資本主義というものもまた、同様に、新しい商品を発見したり、発明したりしながら、これまでとは違う市場を開拓し、成長していくものです。

こうやって、「近代社会」はいわゆる「発展」を遂げてきたわけですね。〝「近代」という時代を体現したような思考枠組〟と先ほど、「弁証法」について述べましたが、このような対立や葛藤を通じて、「成長」を成し遂げていく思考法が「弁証法」であり、このような思考法は「近代」という時代の基礎原理として存在しているわけです。

さて、ここで少年ジャンプの話に戻ってみましょう。単純に言えば、少年ジャンプの「バトルもの」の構造って、とても、この「弁証法」的なものに見えてきます。主人公たちの目の前に、現在の実力ではかなわないかもしれない強大な敵が現れる。それに対して、主人公たちは、修行をしたり、知恵を絞ったり、友情の力を集結させたりして、その強大な敵を倒し、「成長」し、次の段階に進みます。その際に、「バトルもの」の王道的展開として、それまでは敵であったそのライバルが味方になり、主人公たちの勢力が増すことも多いです。そして、その後、また新たな敵が現れ、主人公たちは「努力」と「友情」で「勝利」し、どんどんと「成長」していきます。この展開はかなり「弁証法」的です。

ただ、別に少年ジャンプと哲学の類似を指摘することで、〝少年ジャンプのマンガは実は深い！〟というようなことが言いたいわけではありません。むしろ、これまでしてきた話はとてもシンプルな話ですよね。哲学というのは、ある時代の中で徹底して思考していく営みなのですから、その時代の人々の思考を根本的なところでとらえるようなものでもあります。ですから、「近代」という時代の初頭に生まれたヘーゲルという思想家は、新たに現れた「近代」という時代の中で徹底して考えることによって、「近代」という時代の基本的な思考枠組を体系化することに成功しました。その意味では、難解な論理を用いてはいますが、むしろ、「近代」に生きるわれわれの基礎的なものの考え方を的確にとらえたものであり、私たちが自然に思考する際の気付かない原理のようなものを抽出していると考えることもできるでしょう。

ですから、少年ジャンプのマンガ群が「弁証法」的であることは別段、特別なことではありません。「近代」という時代の「成長物語」を基本的な世界観として持つわたしたちの社会の中で、それを反映したような「成長物語」が存在しているということなのです。ここで言いたいことは、ジャンプマンガが典型的な「近代」的な「成長」の構造を持った物語であるということです(2)。

少年ジャンプのマンガたちは、とても「近代」的な物語です。80年代から90年代半ばまで、若者たちはむさぼるようにして「バトルマンガ」という「近代」的な「成長物語」を読んでいました。この時代には「どんどんと成長する物語」が「ポピュラーカルチャー」だったわけです。

［3］成長が困難な時代の中で

ただし、気になるのは少年ジャンプ的なものの隆盛が80年代後半から90年代前半にかけて起こったということです。ちょうど、この時期というのは「近代」や「成長」というものに対する懐疑がさまざまなかたちで生じてきた時代です。世界的に見ても自然環境の破壊などから「近代」や「成長」という観念に対する疑問は提示されていましたし、日本国内で見ても、後の長期不況につながるようなかたちで高度成長期の終焉は指摘されていました。哲学においても、「近代思想」を相対化すべく、ポストモダン思想というものがとても流行しました。ポストモダン思想の中で特に標的にされたのはヘーゲル的な「弁証法」です。「弁証法」は、すべてをその世界観の中で説明し尽くそうとする「体系化」の欲望と、その「成長志向」の二つの面によって、思想的に批判の対象とされていました。80年代から90年代の思想界では、「近代」や「成長」、「弁証法」といった観念は、しばしば〝終わった〟もの、ないしは〝終わりつつ〟あるものとして語られていました。強さを目指す、そんな「ジャンプ」的世界の「大きな物語」は基本的には流行遅れとされていたものなのです。

そのような時代に「成長物語」を主軸にすえた少年ジャンプは売り上げをどんどんと伸ばしていったのです。「成長」が〝終わった〟と言われる状況の中で、人々はフィクションの世界の中で「成長」を楽しんで読んでいました。これはいささか不思議なことです。時代遅れとなった「近代」の「成長物語」がフィクションの中では愛好されていました。

実は少年マンガの世界にはこれ以前から、「成長」を主軸に据えたような物語は存在しています。一九六〇年代末から一九七〇年代にかけて流行した梶原一騎原作マンガに代表されるスポーツ根性ものの、略して「スポ根マンガ」です。これもまた、「根性」や「努力」によって、ライバルに勝利し「成長」していく物語形式を持ったマンガです。「スポ根もの」はしばしば、それが流行っていた「高度成長期」という時代感覚と結びつけられながら語られています。「成長」する時代の「成長」する物語というわけです。

であるとしたら、80年代の「少年ジャンプ」は別に特別なものではなく、この「スポ根もの」から連続するようなものに過ぎないのでしょうか。それはやはり違うと思います。実際に「少年ジャンプ」と「スポ根もの」とを比較してみるとその違いはわかります。梶原一騎原作の「スポ根もの」を見ると、たしかにそこにも荒唐無稽な設定や展開はありますが、それでも原作者のコントロールの下、〈物語〉というものが強く意識されていることがわかります。それはある〈物語〉の終わりに向けて、展開されている感覚があります。そして、これはどちらかといえば、梶原一騎という作家の個性に属するものであると思っていますが、彼の「スポ根もの」は、しばしば主人公の「挫折」によって終了します。『あしたのジョー』はジョーが〝白い灰になって燃え尽きて〟終わりますし、『タイガーマスク』は主人公の交通事故死、『巨人の星』も星飛雄馬の腕の故障による引退で物語が終わります。[3]「成長物語」にはなんらかの〈物語〉的なオチが用意されています。「成長」する時代における「成長する物語」は、〈物語〉としての構造をしっかりと持っています。

ただし、「ジャンプ的なバトル」においては、この〈物語〉的な要素は希薄です。マンガ家兼評論家の野火ノビタは少年ジャンプの「『バトルもの』マンガにおいて……その『戦い』に、実は意味はない」（野火　二〇〇三：一四五）と分析しています。「努力・友情・勝利」という設定をもっとも活かせる展開は「戦い」です。この要素を求める読者たちはマンガの中の登場人物たちが行う「バトル」を興奮しながら読みます。そして、そこでは「ただ『戦い』だけが要請され……『なぜ』戦うかは執拗に問うべきもの」（野火　二〇〇三：一四五）ではありません。

たしかに「戦う理由」が語られることは眼前で展開される「バトル」の必然性らしきものを読者に感じさせ、マンガの世界に彼らを引き込むことを可能にします。ただ、それを執拗に問うてしまうと、むしろ、「戦う」ことの必然性のなさが露呈してしまいます。〝彼らはなぜ戦っているのか？〟、読者が読みたいものをマンガは提供しているのですから、実は「戦う理由」はストーリーの中にあるのではなく、読者の欲望の中にあるのです。だから〝それらしき〟設定は必要とされていても、それ以上のものは必要とされません。

ジャンプにおいては、「バトル」という形式性が何よりも要求されています。もっと強い敵が見たい、もっと激しいバトルが見たい、そんな欲望が読者の中にあり、その欲望に基づいて、ストーリーが駆動されていきます。ストーリーはあくまでも「バトル」を盛り上げるための道具に過ぎません。先ほど、「成長物語」という言葉で「ジャンプ的なもの」を説明しましたが、ここではあくまでも「成長物語」とは「形式」的なものであり、ストーリーという意味での〈物語〉という言葉の比重は高くはありません。

読者たちは「物語的オチ」よりも、「努力→友情→勝利→さらなる努力→さらなる友情→さらなる勝利」という「成長」する展開こそを目にしたいと考えているのです。大塚英志は、少年ジャンプの「〈物語〉を決定づけているのは、『努力・友情・勝利』というプログラムで」あり、「一人一人のまんが家は創作者ではなく、このプログラムの操作者である」（大塚　一九八八：六八）とまで言っています。「成長」が止まった時代における「成長する物語」とは、「成長物語」から「成長」という形式のみが取り出され、それが自動作動するようなかたちで展開するようなものになっていたのです。ここに、「スポ根もの」と「ジャンプ的なもの」との大きな違いが存在しています。

「近代」が懐疑される時代の中で、「近代」的な「成長物語」はマンガの中で、形式化され自動作動するような不可思議なものへと変換されていたのです。「少年ジャンプ」という文化の不思議さはここに存在しています。

［4］読者がつくる物語

この少年ジャンプ的な「成長物語」の独特さはどこからやってきたものなのでしょうか？　一番重要なことは、少年ジャンプのマンガが徹底して読者の反応に基づいて作られていたことでしょう。有名な少年ジャンプの読者アンケート・システムというものがあります。少年ジャンプでは、読者アンケートの結果によって掲載する作品を決めて、人気がない作品は〝打ち切られる〟ということがしばしば語られてきました。少年ジャンプを読んでいた頃、連載が開始されて一〇週間ほどですぐ最終回を迎えるマンガを大量に目にしてきましたし、過去のヒット作でも人気がなくってくると巻末に置かれるようになり、その後に最終回を迎えてしまいます。(4)だからこそ、マンガ家たちは、「読者にうける」ということを強く意識して、マンガを作っていきます。たとえ、どんなに〝良質な〟マンガを描いていたとしても、読者にうけなければ、そこでゲームオーバーです。

その意味では、「ジャンプマンガ」の展開をつくっているのは、マンガ家でも編集者でもなく、「読者」であるのかもしれません。マンガ家も編集者も「読者」の反応という予想できない波を受けて、その波の上でマンガを操縦しながら、自分が表現したい内容を上手くそこに乗せていくという複雑な作業が要請されます。だから、通常の意味での「物語創作」はかなり困難なものとなります。誰も、明確に作品を統御しきれない状況の中で、読者と作家が相互作用することによって、ジャンプ的なマンガは生み出されてくるのです。

そして、「ジャンプ的な世界」では、〝読者にうける〟ストーリーというのは、しばしば、「バトルもの」という形式をとるのです。さまざまなジャンプの代表的なマンガも当初は「バトルマンガ」であったわけではありません。たとえば、『ドラゴンボール』は当初は七つの球を探す冒険マンガでした、『幽☆遊☆白書』も当初は妖怪に関する事件を解決する物語でした。どちらのマンガもその展開の中の一つとして、トーナメント形式でリングの上でキャラクターたちが格闘技的に「戦う」シリーズが行われ、その後に本格的に「バトルもの」に変化していきました。そして、そのことによって人気が安定していったのです。

このジャンプマンガの特異性を見るのに一番、適しているのが一九七九年に連載が開始された、二人組コンビのマンガ家ゆでたまごによる『キン肉マン』でしょう。『キン肉マン』というマンガは主に、超人と呼ばれる存在が、リングの上でプロレスのような競技で戦うという内容になっています。この超人なるものがどのような存在であるのかの説明は作中ではあまりなされていませんし、なぜ、彼らがプロレスのようなかたちで戦っているのかもよくわかりません。当初、ギャグマンガとしてはじまったこのマンガは、ある時期以降、急にプロレスマンガに変化していきます。作品中ではこの変化に深い意味付けはなされていませんが、アンケート・システムと重ねてみるとその理由はよくわかります。たまたま、作中で超人たちがプロレスで戦うシリーズを行ったところ、アンケートでよい結果が出たので、それゆえに、プロレスマンガに変化していったというのが実際のところです。つまり、たまたまやってみたプロレス回が〝読者にうけた〟、それが大きな理由なのです。

実際のところ、『キン肉マン』のストーリーは、その場の盛り上がりや、連載で次回に対する読者の期待を煽るようなはったりが重視されていて、無茶苦茶と言ってしまってもよいところがあります。近年のインタビューでも、ゆでたまごのストーリー担当の嶋田隆司は「思いつき」や「行き当たりばったり」などという言葉を使って自作の作り方を語っています（サンイエムック　二〇一六：八二）(5)。相当な勢いで作っているためか、『キン肉マン』のストーリーは過去に描かれた話とその後の展開との間で矛盾が生じていることもあるし、一度出したキャラクターでも、そのデザインが人気が出なさそうであると気付けば、その中に違う超人が隠れていたという設定にして、アンケートに投票してくれるためなら、外見と名前を変えてしまうことすらありました。読者の子どもたちが喜び、アンケートに投票してくれるためなら、矛盾や路線変更も恐れずに、勢いよくストーリーが作られていきます。

こういう風に話すと、もしかしたら、その荒唐無稽さに対して批判的に語っているように思われるかもしれませんが、そんなことはなく、こういうその場その場で徹底して盛り上げていこうとする態度に溢れた『キン肉マン』というマンガは、まだ子どもだった自分にはむやみやたらにおもしろかったんですよね。リアルタイムで読んでいた時の、毎週楽しみでたまらなかったあの感じは、今後もう二度と体験できないかもしれないと残念に思うほどです（笑）。読者の期待を盛り上げるためにその場その場の勢いで作られた展開は、他ではありえないほど刺激的なものでした。

他にも、『キン肉マン』では、読者からの超人募集というのをやって、そこで読者が考案した超人をどんどんとマンガの中に登場させていきました。みなさんの中にも知っている人がいるでしょうが、ロビンマスクやラーメンマン、ウォーズマンなどのいまでも語り継がれているキャラクターたちの多くも、当初は読者が応募してきた超人でした。自分が考えたキャラクターが人気マンガの中で活躍する、そんなことがあったらとてもうれしいですよね。そうやって、マンガの中にも読者がつくったキャラクターたちが無数に登場するようになっています。さまざまなレベルで『キン肉マン』は〝読者が作っていく〟マンガであったのです。

芸術や文化を評価する際にしばしば、作り手の「作家性」や「オリジナリティ」がきわめて大事なものとして語られることがあります。読者の人気を意識して、作品を作るということはしばしば「読者への迎合」として否定的に語られます。ただ、改めて『キン肉マン』を見てみると、読者の人気を得るために行ったさまざまな展開が、むしろ作品としての強度として機能しているようにも思えるのです。ジャンプのアンケート・システムという戦場で勝つために、荒唐無稽なストーリー展開で読者を惹きつけようとすることが、他ではありえないような特異な展開を作りだしています。徹底的に「ポピュラーカルチャー」であろうとすることが、むしろ、作品の「個性」を作り出しているのです。このことは、文化作品における「作家性」という問題を考えなおす素材にもなるのではないでしょうか。「読者」のアンケートの波を受けて、「作者」がストーリーを作り出していく。そこには、いわゆる「文学」や「芸術」とは違った、消費社会的な時代における「ポピュラーカルチャー」というものの表現としての可能性があるのかもしれません。

［5］〝終われない〟物語

ただし、このように読者の期待を煽るかたちで展開されることが多いジャンプの「バトルもの」のシステムは、一つの欠点を持っています。それは展開の「インフレ化」という問題です。「成長物語」であるジャンプのバトルマンガは、必然的に、主人公がどんどん強くなっていくし、それと同時に、敵もどんどん強くなっていきます。読者は常にもっとハラハラする展開を求めていますし、それに応えようとすると、どんどんと、強い敵を出していくしかありません。それによって、作品世界はどんどんと「インフレ化」の運動に呑み込まれていきます。

先に紹介した『キン肉マン』では途中から、超人の強さを表現するための「超人強度」という数字が作品中に登場するようになります。この数字が登場した時には、主人公のキン肉マンが九五万パワーの持ち主であるのに対して、彼が戦うバッファローマンは一〇〇〇万パワーでした。この段階で一〇倍以上の敵にどうやって勝つのだろうかと非常にワクワクするわけですが、このワクワクはエスカレートしていき、最終的には一億パワーの敵と戦うという展開になっていきます。一億ってとんでもない数字である気がしますが、展開が進むと数字の桁を二つくらい上げて、読者の期待を煽らなければならなくなっているわけです。

その後の大ヒット作、鳥山明の『ドラゴンボール』にも同じようにスカウターという機械を使って戦闘力を計る場面が途中から出てきます。ある程度、人気が出てくると、これまでのキャラクターたちの強さを数字というわかりやすいかたちで知りたいという読者の欲望が出てくるのかもしれませんね。たしかに、数値化された強さがストーリー内に登場すると、子ども心にワクワクしました。『ドラゴンボール』もこの数字が「インフレ化」していきます。当初は三〇〇とかそれくらいの数字がそれなりに強い戦闘力であり、一〇〇〇を超す戦闘力を持つキャラクターが出てくるとおどろかれていたのですが、徐々に戦闘力のインフレ化が置き、単位は一〇〇万を超える数になっていきます。この段階で桁が四つくらいあがっています。ここまで「インフレ化」が進むと、さすがに数字を作中に出すのはやめるようになりますが、それでも、強さの「インフレ」は抑えられることなく、もっととんでもなく強い強敵たちが作中に登場することになります。「インフレ化」は時代が後になるにつれて、さらに進行しています。このような『ドラゴンボール』の「超展開」は、読者の人気を生み出し、このマンガを一大人気マンガとしました。二〇一三年時点で、累計発行部数は完全版を含み国内で一億五七二二万部以上、全世界では二億三〇〇〇万部以上が売れているようです。

自動化されたプログラムのようなジャンプの「成長物語」的要素は、読者のもっと強い敵を見たいという欲望を受けて、どんどん「インフレ」的に膨れあがっていきます。[6] そして、この読者の欲望は、ストーリーの展開が明らかに破綻する地点まで行きかけている状況になっても、もっと見たい、もっと見せろという要求を作り手側に突きつけ続けます。そのため、ジャンプマンガの人気マンガは、過度に「インフレ化」していき、あまりの「インフレ化」ゆえに展開が平板になって、読者が〝飽きたところ〟で終わるという傾向を持っています。人気がある限り〝終わることができない〟、そして、読者が飽き人気がなくなると〝終わる〟。読者の期待によって作動するジャンプのプログラム的性格が生み出す悲劇、もしくは喜劇ですね。

おそらく、この「インフレ化」と〝終われなさ〟の問題は『ドラゴンボール』のような「超人気作」に対して、特に重くのしかかります。現に、『ドラゴンボール』の終了後、ジャンプの売り上げが降下したように、『ドラゴンボール』というマンガが持つ影響力はあまりに大きく、問題は単に一つのマンガの去就にとどまるものではありませんでした。だからこそ、『ドラゴンボール』のマンガ世界は読者の期待を受けて、疲れ果てたとしても、走り続けなければなりません。

『ドラゴンボール』はピッコロという敵をコミックス一七巻で倒し、一度、大団円的に話がまとまりかけるのですが、そこで亀仙人というキャラクターが画面の中で「最終回じゃないぞよ。もうちょっとだけ続くんじゃ」というセリフを言って、話が継続されることになります。この段階では作者の鳥山明も「もうちょっとだけ」とあるように、読者サービス的に少しだけ話を延長するつもりだったのでしょう。ただ、このマンガの「超人気」は、そんな「ちょっとだけ」というささやかさを許すことはなく、結局、そのまま、『ドラゴンボール』は「インフレ化」を延々と繰り返しながら、四二巻まで続きます。「もうちょっとだけ」と言いながら、その後、二五冊分のストーリーが続いていくのです。

80年代に生み出された「ジャンプ的なもの」は、それが「黄金時代」に近付くにつれ「インフレ化」という構造的な問題を露わにしてしまうことになります。読者の欲望に従って進行するジャンプ的な「成長物語」は、人気が出ると〝終わること〟が困難になるのです。二〇一七年現在、『ワンピース』が八〇巻以上続いているということで、〝終われなさ〟という問題はさらに大きなものとしてジャンプ世界に転がっているかもしれません(『ワンピース』はほぼ未読状態で、チェックせねばとは思っているのですが、この巻数は今から新規参入しようとするにはとんでもない障壁で、結局未読のままです(苦笑))。

「成長」という観念が〝終わった〟と言われる時代状況の中で、フィクションの中で展開される「成長物語」は〝終われない〟、無限に膨張するようなものへと変わっていったのです。(7)「資本主義」

は無限に膨れあがろうとし続ける性格を持つ経済体制です。ただ、二〇世紀も後半に入ると、徐々にこの無限膨張的な「資本主義」の性格は限界を抱えたものであると指摘されることになります。そのような時代の中で無限成長に向けた欲望は、少年マンガという仮構の世界の中で、奇妙なかたちで動き続けることになりました。「黄金時代」の少年ジャンプのマンガ内の特殊な性格は、「近代的な成長」という観念の奇妙さを特異なかたちで背負ったものであると言えるでしょう。

そして、この「ジャンプ的なもの」の中にある「成長」なるものに対する不思議な感覚は、80年代後半の「バブル経済」と対応させることも可能でしょう。物質的な「成長」が限界を迎えていることはわかっているにもかかわらず、「成長」があたかも永遠に続くものであることに疑いを持たない不思議な感覚、それが日本の「バブル経済」というものを支えていた感覚でありますが、それは少年ジャンプのプログラム化され「インフレ化」し続ける「成長物語」と相同的なものであります。

［6］〝閉じること〟と〝続けること〟

九五年に『ドラゴンボール』が終了し部数を落とした少年ジャンプに、さらに追い打ちをかけるように、翌年、井上雄彦のバスケマンガ『スラムダンク』が終了します。『スラムダンク』は〝終われない〟という「ジャンプ的な問題」に対して、強い意志を持って物語を〝閉じる〟ことを行おうとした作品であると思います。『スラムダンク』はインターハイの途中で物語が終わっています。もし連載を続ける意思があれば、まだまだいくらでも物語を展開することは可能な場所で、作者は物語を〝閉じました〟。テレビ番組で「テンション高いところで終わらないと、作品にとって不幸になっていく」と語っているように、彼は、このマンガがもっとも〝自然に終われる〟ような地点を自分で見定めたうえで、連載を終了するという選択をしています。(8) 読者の中にはこの選択を悲しく感じた人もたくさんいたようですが（リアクションペーパーにも〝もっと読みたかった！〟と書いてくる人がいまだにたくさんいます）、「ジャンプ的なもの」が構造的に持ってしまう問題に対する対処の仕方として、一つの態度であるでしょう。スポーツマンガという「バトルもの」の中でも、「リアルさ」を志向したジャンルだから行われた選択であるかもしれません。ちなみに、井上雄彦はその後、少年誌から青年誌に移り、宮本武蔵を素材に、「殺し合う」ことの意味を問うような『バガボンド』という作品を描いています。「少年誌」という範疇では問うことができないような「戦うこと」に関する問いを、「青年誌」に舞台を変え展開していると言ってもよいでしょう。

「ジャンプ的なもの」の〝終われなさ〟という問題に対して、もっと違ったかたちで抗った存在として、冨樫義博のマンガ『幽☆遊☆白書』があります。このマンガは、『ドラゴンボール』終了の前年である一九九四年に終了しています。冨樫義博論の中で評論家の野火ノビタは、初期の『幽☆遊☆白書』について、「狙ってアテたエンターティナー」（野火　二〇〇三：一六七）という評価をしていいます。そして、その〝狙ってアテる〟感覚は、ジャンプ読者がもっとも典型的に求める「バトルもの」という構造に行き着きます。『幽☆遊☆白書』は個性的なかたちで「バトルもの」を描くマンガとしてさらに人気を得ていきます。ただ、冨樫は徐々に、自身のその〝狙ったアテ方〟に疲弊していきます。この疲弊は、ある時期以降の絵の描かれ方にあからさまに見ることもできるでしょう。彼は『幽☆遊☆白書』終了後に、その経緯などを語った個人発行の同人誌を出しているのですが、その中で「幽☆遊☆白書のキャラクターでできることは、商業ベースではやりつくしてしまいました。あとは出来上がったキャラクターを壊していくか、読者があきるまで同じことをくりかえすしか残っていませんでした」と書いているそうです（野火　二〇〇三：一五九）。

『幽☆遊☆白書』は唐突に最終回を迎えるのですが、野火は、作者である冨樫が「物語の放棄」（野火　二〇〇三：一五五）を行ったという解釈を行っています。終盤に近い時期の『幽☆遊☆白書』の中で、戦いに敗れた敵側の樹というキャラクターが異次元に消えていく際に、主人公たちに、「オレ達はもう飽きたんだ」、「お前らはまた別の敵を見つけ戦い続けるがいい」という言葉を投げつけています。これは明らかに、「ジャンプ的なもの」の〝終われなさ〟に向けられた言葉であるでしょう。『幽☆遊☆白書』は少年ジャンプの売り上げを支える一つの柱となることを期待されていた存在でしたが、そうなることを放棄し、物語を投げ出すようなかたちで連載を終えました。〝投げ出すこと〟もまた、一つの「ジャンプ的な終われなさ」に対する応答としてありえるものであるはずです。

90年代半ばには、『ドラゴンボール』だけでなく、『スラムダンク』、『幽☆遊☆白書』という人気マンガが「ジャンプ的」〝終われなさ〟との関係を問い直すようにして、それぞれの〝終わり方〟を選び取っていきます。これら人気マンガの〝終了〟は、少年ジャンプの売り上げ低下というかたちで、80年代的な「ジャンプ的なもの」の〝終わり〟を見せつけることになります。

〝閉じること〟、〝投げ出すこと〟といった〝終われなさ〟への対応法を見てきましたが、「インフレ化」を回避しながら「ジャンプ的なもの」を〝続けていく〟というのはありえない選択肢なのでしょうか。「インフレ化」とは別のかたちで〝続けていく〟ための方法論の模索を荒木飛呂彦の『ジョジョの奇妙な冒険』の中に見ることができるかもしれません。一九八九年にはじまった『ジョジョの奇妙な冒険』の第三部では「スタンド能力」という新しい能力が登場します。「スタンド」とは、登場人物たちの精神力を具現化した守護霊のような存在で、それぞれがそれぞれの特殊能力を持っています。『ジョジョ』はこのスタンド同士が「戦う」マンガですが、特殊な異能力同士の戦いであるため、素直に力が強いものが勝つというわけではありません。ジャンケンやカードゲームのようにある能力に対してはこの能力が強いというような対応関係があったり、もしくは特殊な能力の謎を知恵で解くというような展開があったりなど、肉体的なバトルを回避しようとする傾向があります。すると、非常に弱い能力の持ち主であるが、ある種の敵に対してはきわめて有効な攻撃法を持つスタンドがいるというように、バトルのルールを複雑化することが可能になります。ある時期以降のジャンプの「バトルもの」は、この「異能力バトル」のようなスタイルを積極的に取り入れ、「インフレ化」の危うさを回避しようとしていたように思います。〝強くなる〟という「成長」とは別の方向で「バトルもの」を再構成しようとする試みですね。

ただ、この「異能力」的な「知的バトル」による「インフレ化」の回避という方向もまた、行き詰まりを見せるものであるようにも思います。たしかに当初は、いろいろ試行錯誤しながら新しい「異能力」を見い出し、それで魅力的な展開を作り出すことは可能になるでしょう。しかし、「知的バトル」も「肉体的なバトル」とは別のかたちで「インフレ化」していきます。はじめはシンプルであった「異能力」のおもしろさも、段々にネタが尽きはじめ、徐々にこじつけめいた複雑なものに変わっていきます。結局、複雑なルールに基づいた複雑なバトルという展開になり、「知的バトル」もまた「インフレ化」して行かざるをえません。一時的に「バトルもの」を〝続ける〟ための方策となりえた「知的バトル」もまた、結局、「バトル」というものそれ自体がもった「インフレ」的性格によって、「ジャンプ的なもの」の困難に行き着いてしまうのです。

［7］「成長」というエンターテインメント

80年代後半から90年代前半、「成長」の時代が〝終わった〟と言われる時代において、少年ジャンプはそれをエンターテインメント化することによって一つの「ポピュラーカルチャー」化することに成功しました。そして、そのエンターテインメント化された「成長物語」の中には、「近代」的な「成長」という観念が持つ奇妙さが特徴的なかたちで刻み込まれていたのです。それは「資本主義」なるものの奇妙さが「バブル」というかたちで露わになったこととも相同的でしょう。

「ジャンプ的なもの」も「バブル経済」も、「成長」という観念が凝縮したという意味では「超近代」と言ってよいものであるかもしれませんが、逆にここまで奇妙なかたちでの凝縮が起きてしまうと、それは「近代」のパロディじみたものになっている気もします。その意味では、きわめて「ポストモダン」的に見えるものでもあります。徹底的に「近代」的なものであることによって、突き抜けたかたちで「ポストモダン」的なものになってしまったような感触を、「バブル」にも「ジャンプ」にも見ることができます。80年代という時代の中で、「モダン」と「ポストモダン」は不思議なかたちで溶け合っているのです。

人々が「成長」という観念を、「ポピュラーカルチャー」の中で、自動作動するプログラムのようなものとして楽しんでいたということは、ふり返ってみると、かなり奇妙なことに思えます。その奇妙さは、80年代という時代の奇妙さでもあります。人々の生活の中に「虚構的なもの」が浸透しはじめる時代としてこの時代はありましたが、80年代後半にはこのマンガという「虚構的なもの」が「近代的な成長」という観念をも呑み込み、それを一つのエンターテインメントとして変形させていったのです。そこから『週刊少年ジャンプ』という「ポピュラーカルチャー」は生み出されました。
現在、経済的な「成長」の困難は80年代よりもさらに目に見えるようになってきています。そして、その中で「ジャンプ的な成長物語」の困難もまた顕わになっています。この時代の中で、「成長の限界」という主張と極端なまでの「成長の物語」が共存していた80年代という時代を見直してみることには意味があるでしょう。わたしたちにとって、「成長」という観念がどのような意味を持つものであるか、そして、それはもはや放棄すべきものであるのか、それとも、どうにかしてそれを可能にするような方途を探るべきであるのか。このような問いは、これから先の社会を生きていくみなさんにとって、大きな問いであるであると思うのです。「少年ジャンプの弁証法」の中にある魅力的で奇妙な世界を見ることは、そのことを考えていくために実は役に立つことであるのかもしれません。

読書案内

しばしば作品に対する過剰な愛情や愛着は、批評的な視点をつくる際に、冷静さを失わせる危険なものとなってしまうものであるが、野火ノビタ『大人は判ってくれない』（日本評論社、二〇〇三年）の富樫義博論は、その深い愛情を貫く中で、作品の深い理解に行き当たった数少ない例であるだろう。他に『新世紀エヴァンゲリオン』論や「やおい」論も収録されているが、どの論考も、自らの視点から実直に考え、対象を理解しようとする態度にあふれている。

『少年ジャンプ』ではないが、小林まことの『青春少年マガジン1978〜1983』（週刊少年マガジンコミックス、二〇〇八年）はマンガ家を目指して上京してきた若き日の作者自身の姿や周囲のマンガ家の姿を描いた青春マンガ。少年マンガ誌という「戦場」の中で作品を描き続けることの中にある夢と苦しさの双方が描き出されていて、泣ける。「ジャンプ黄金時代」より少し前のマンガ世界を知ることもできるだろう。「ジャンプ黄金時代」を素材にした自伝マンガには、巻来功士『連載終了！　少年ジャンプ黄金期の舞台裏』（イースト・プレス、二〇一六年）などもある。

「マンガ」という表現様式を「近代」という時代と結びつけて考えた論集『マンガ視覚文化論：見る、聞く、語る』（水声社、二〇一七年）はかなり手強い本であるが、「マンガ」という表現法それ自体を考えたい人にとってはおすすめ。「物語」レベルに留まらず、様式と体験という面から表現を考えることは、実際には文化を分析する際にとても重要なことであるが、忘れられがちなことでもある。自分の興味がある論文をこの中からみつけて読んでみると、理論的にものを考えるトレーニングにもなるはず。

ヘーゲルの『精神現象学』はいきなり手を付けても、挫折することが多いだろうから、翻訳を行った長谷川宏の『ヘーゲル『精神現象学』入門』（講談社選書メチエ、一九九九年）などの入門書をまず読んでみるのがよいだろう。この本は、一つの「旅」のようなかたちで、ヘーゲルの思想の楽しみ方を教えてくれる本である。

注

（1）ただし、九六年までのデータは集英社の自社発表で、九七年以降はその発表がされなくなり社団法人日本雑誌協会調べのデータに依拠した数字になるため、単純に比較可能なデータであるわけではない。だが、自社発表をとりやめたことの中にも、数字の下降の事実は見て取ることができるはずだ。

（2）その意味では、極端に言えば、逆に「ヘーゲルの哲学」を、「少年マンガ」のように読むことも可能であるかもしれない。実際に、「概念」がこれまで説明できない事態を目の当たりにし、それを説明するために四苦八苦し、その苦闘を通じて、次の段階へ移行する様は「少年マンガ」的とも言える。

たとえば、次のような一節は「ジャンプ的」にも見える。「行為が他方の行為である限り、各人は他方の死を目指している。だがそこにまた、自己自身による行為という第二の行為もある。というのも、他人の死を目指すことは、自己の生命を賭けるということを含んでいるからである。そこで、二つの自己意識の関係は、生と死を賭ける戦いによって、自分自身と互いとの真を確かめるというふうに規定されている。――つまり、両方は戦いにおもむかなければならない」（Hegel 1807＝1997：224）。

（3）大塚英志はこの「挫折」というモチーフの存在が、「ジャンプで梶原が決定的なヒット作品を書けなかった理由ではなかったのか」（大塚　一九八八：六四）とも語っている。

（4）二〇〇八年から二〇一二年に連載され、アニメや実写映画にもなった「バクマン。」は、人気マンガ家を目指す主人公たちが、少年ジャンプの人気アンケートの中でライバルマンガ家たちと連載をかけて「バトルする」というメタ視点を含んだマンガであるが、このマンガなどでも「ジャンプ的なもの」における読者アンケートの重要さを見ることができるだろう。

（5）ただし、この発言は、自作の魅力をストーリーよりも「超人のキャラクターと技だと思う」と分析し、その魅力に対する自信と自負を語る部分の中にある。

（6）ジャンプの「バトルもの」には「神」がマンガ内に一つの登場人物として登場する傾向があるが、これもまた、作品世界の「インフレ化」に関連するものだろう。

（7）ジャンプの「バトルもの」の起源としてみることもできる一九六八年連載開始の『男一匹ガキ大将』の時点で、中途で作者が〝終えたがっていた〟物語が編集者の指示で延長され続けるという事態は起きており、時代意識に由来する問題だけでなく、当初から「ジャンプ的なもの」が潜在的に抱えていた問題であるという側面もあるだろう。

（8）ジャンプ誌の掲載時には最後のページに「第一部完」と書かれており、この作品が終わることが持つジャンプ本誌への影響にいくらか配慮した形跡を感じることもできる。

第6回 ファンシーが充満する80年代

[1] 〝80年代の総決算〟としてのタレントショップ

前回は80年代後半の『少年ジャンプ』のマンガを見ながら、近代的な成長物語が、マンガの世界の中で奇妙なかたちで加速化していく姿を見ました。「現実」世界の観念が、空想の世界に入り込み、別のものにかたちを変えていったと言ってもよいかもしれません。80年代後半以降の少年たちはこの、一種、特異なかたちで展開された成長物語に魅了されていきました。そして、さらにはこの感性は、少年たちを越えて、日本社会の多くの人たちを魅了することになります。このことによって、『少年ジャンプ』はとんでもない数の読者を持つにいたりました。

今回の授業では、80年代に別のかたちで生じた、空想化された文化に目を向けてみましょう。まず

図6－1　竹下通りタレントショップ地図

出所）『タレント・ショップ・ガイド』（皆美社，1989年）より．

は一九八〇年代後半に流行したタレントショップという存在を見てみます。いまでも芸能人が自分のグッズをつくって販売したり、自分の店を経営していたりということはあるでしょう。ただ、80年代後半には、現在とはかなり違うかたちで、ある特定のタレントのグッズを専門的に売る店が観光地に大量に存在し、それが一大ブームになっていたのです。いま手元に当時の『タレント・ショップ・ガイド』（皆美社、一九八九年）という本を持ってきていますが、それをパラパラ見ても、とんねるず、ビートたけし、酒井法子、田代まさし、加藤茶、山田邦子、梅宮辰夫などさまざまな芸能人のショップが存在しています。そして、原宿のタレントショップ・マップもこの本にはついていますが、これを見ると、当時の竹下通りなんかは本当にタレントショップだらけですよね（図6-1）。

ここで売られていたグッズは、いま、原宿でジャニーズやアイドルのグッズとして見かける生写真などとは違って、「キャラクター」化されたタレントを使ったものが大半でした。ここで言う「キャラクター」化とは、頭身を下げたかわいらしいイメージで芸能人たちを表現することです。元からかわいらしさを求められるアイドルのような存在だけではなく、もっと多様な芸能人グッズにもかわいさが求められていたことは先の顔ぶれからもわかると思います。「現実」的なタレントの姿よりも、彼らがデフォルメされたかたちで空想化されたようなイメージが人々に欲されていた対象でした。〝かっこよさ〟より、〝ファンシーさ〟が求められていたわけですね。

図6－2　当時のタレントショップ記事

出所）「原宿グッズ通信 vol. 5」（近代映画社，1989），『タレント・ショップ・ガイド』（皆美社，1989），『タレント Shop 大集合　絶対に行ってみたい!!』（日東書院，1989）を並べたものを筆者撮影.

原宿のタレントショップ群は、ビートたけしが司会をしていたテレビ番組『天才・たけしの元気が出るテレビ』のグッズを売る「元気が出るハウス」が、一九八七年に開店したのをきっかけに広がりはじめました。八九年頃にピークを迎え、五〇軒を越えるタレントショップが原宿に集結していたとのことです。いま手元にあるガイドブックや雑誌の類（図6－2）も、適当に集めたものなのですが、すべて八九年に発行されたものなので、八九年ピークというのはうなずける話です。この頃になると、京都の嵐山や旧軽井沢銀座、清里といった日本各地の若年層に人気の観光スポットにもタレントショップは広がっていました。当時の原宿や軽井沢、清里といった場所は、メルヘンチックで、日本離れしたイメージのある観光地です。〝ファンシー〟なグッズが売られる場所もまた、〝ファンシー〟さが強い土地だったのです。

このように大人気であったタレントショップですが、90年代に入ると急速に人気は収束していきます。シンボル的だった存在であった「元気が出るハウス」が閉店した九五年頃にはすでに数軒まで減っていたそうです。その意味では、80年代末に急成長し、90年代に入ると急激に力を失っていたタレントショップを、80年代的な文化の最後の総まとめ的なものとして語ることもできるように思います。

80年代末には、「現実」の芸能人（彼ら自身の存在が空想的であるということもできるでしょうが。このことについてはすぐ後で、お話しします）が「ファンシー」化されたグッズが、「現実」の都市空間を埋め尽くしていくという現象が起きました。この話を皮切りに、80年代という時代のポピュラーカルチャーについて考えていきましょう。いま見ると、少々、奇妙なものに思えるかもしれないタレントショップ・ブームを80年代的ポピュラーカルチャーの総決算として考えることをまずしてみます。

［2］タレント×キャラクター・グッズ×メルヘン観光

タレントショップは、「タレント」が「キャラクター・グッズ」化され、原宿や清里のような「メルヘンチックな空間」で売られるというかたちで成立していたものです。つまり、タレント×キャラクター・グッズ×メルヘン的な空間という三つの要素が出会うことによって出来上がっていたわけです。これら三つの要素はすべて、70年代後半〜80年代の時代的感性をかなり強く背負って存在していたものであるように感じられます。そこで、以下では、やや駆け足気味になってしまいますが、この三つの要素の80年代的状況についてそれぞれ考察するということをしてみましょう。

まず、タレントについてです。しばしば80年代という時代は「アイドルの全盛時代」として語られています。特にその象徴として語られるのは松田聖子という人ですね。一九八〇年にデビューした松田聖子は「ぶりっ子」と呼ばれるキャラクターで一世を風靡しました。「ぶりっ子」というのは、〝かわいこぶる子〟を短縮したもので、人前でわざとらしく〝かわいらしさ〟をアピールする様を表現する言葉です。当時、大人気だった松田聖子というアイドルは、やっかみと親しみが混ざったようなかたちで、その〝かわいいふり〟の仕方がネタとして人々に指摘されているように、〝わざとらしさ〟が強く読み取られる存在でした。

ちょうど松田聖子がデビューした一九八〇年というのは、一世代前のスター的存在であった山口百恵が引退した年でもあり、この交替は芸能人像の変化をイメージさせるものでもありました。大人っぽい歌詞を歌い、シリアスな演技をし、引退についても芯の強さを見せた山口百恵と、〝ぶりっ子〟的な遊戯性が強く出た松田聖子という対比は示唆的です。タレントという存在が、その遊戯性を増していった時代が80年代であるといえるでしょう。あるキャラクターを〝演じていること〟、それ込みで、人々は芸能人という存在を楽しむようになっていきました。スターの圧倒的なオーラのようなものを求めることよりも、タレントが素と役割の間で〝演じている〟存在であることを裏読み的に楽しむという態度がその後、徐々に広がっていきます。そして、その上で〝演じられている〟空想的な部分が愛着の対象となります。この受容のモードの中では、〝演じる〟ことが上手く出来ていないような未熟さも〝かわいさ〟の一つとして受容されていくことがあります。

かなりざっくりと整理してしまった部分もありますが、80年代を通じた、このような芸能空間の遊戯化、空想化の流れは、アイドルにとどまらず、お笑い芸人や役者など、さまざまなジャンルのタレントに対して見ることができるでしょう。芸能人という存在が〝軽さ〟を獲得していく過程として、この時代を見ることができます。

〝ファンシーさ〟を強調した「キャラクター・グッズ」というものが存在感を増していく時代として70年代後半〜80年代を見ることも可能です。日本を代表するキャラクターであるキティちゃんのグッズがはじめて発売されたのは一九七五年のことです(1)。元々は絹製品を販売する会社であった山梨シルクセンター（後にサンリオに社名を変更）が、ゴムぞうりに花柄をつけることで商売に成功。そこから、社長が「デザインという付加価値をつけたらモノはまったく違う売れ方をする」（辻 二〇〇〇：九三）ことに気が付き、徐々にキャラクター商品に目をつけるようになっていったというのがキティちゃんの誕生のきっかけです。売り上げの分析から、キャラクターとして〝かわいらしい〟動物が好まれていることがわかり、数多くつくられた動物キャラクターの内の一つとしてキティちゃんが誕生しました。キティちゃんグッズは、特に一九七七年と一九八五年に大きなヒットがあったといわれています。

その後も、サンリオという会社はさまざまなキャラクターを生み出し、それが描かれた文房具や日用品を販売していきます。これらは、単なる実用性だけでなく、そこにビジュアルイメージという付加価値がついたものですよね。買う側も多くの場合、道具としての使いやすさよりも、描かれているキャラクターの魅力を重視してなにを買うのかを選びます。そうした中で、日本社会の中に、キャラクター文化がどんどん広まっていき、「ファンシーさ」を求める感性がポピュラーなものとなります。それ以前からも、キャラクター文化や「ファンシーさ」を求める感受性は日本の文化空間の中に存在してはいましたが、80年代という時代は明らかにそのような感受性の持つ社会的意味が強まった時代としてありました。

タレントショップ・ブームの中心地であった原宿も、70年代後半から存在感を増してきた場所です。東京商工会議所文京支所が一九八一年に行った、修学旅行時に東京で行きたい場所アンケートでは高校生において、原宿が第一位を獲得しています。(2)

第二次世界大戦後、代々木練兵所が米軍に接収され、そこに米軍住宅地ワシントンハウスが整備された関係から、表参道には米軍向けの土産物屋や商店がどんどんと出来上がっていきました。後にワシントンハウスは日本側へ返還されることになりますが、すでに、この過程の中で、原宿という場所は独特の異国情緒を持った文化空間へと再編成されていました。この文化的独自性と交通の利便性などから、一九七〇年代には、文化人やファッション関係者が集うようになり、原宿はファッションタウンとして名を馳せることとなります。こうした経緯で、非日常性の強いファッション空間として、原宿は徐々に若者たちに人気の街になっていきます。80年代には、随時、竹の子族ブーム、ローラー族ブーム、歩行者天国でのバンド演奏ブームなどで話題になり、流行の発信地というイメージが形成されていました。

もう一つ、タレントショップが広まっていった空間として、清里という観光地があります。清里も、アメリカ人牧師ポール・ラッシュが一九三八年に開拓を行い、キリスト教研修施設となっていた場所であり、非日本的な風景が以前より存在していた場所です。この異国的な情緒もあり、70年代にマスメディアに紹介されることで、若い人たちに観光地としての人気を博していきました。特に大きかったのは、当時、「アンノン文化」と呼ばれる若い女性向けの新しい文化を生んでいた、一九七〇年創刊の『an・an』や七一年創刊の『non-no』といった女性向けファッション雑誌に幾度も取りあげられたことです。当時の国鉄（現ＪＲ）による「ディスカバー・ジャパン」と題された国内旅行キャンペーンも相まって、清里は〞オシャレな〟場所として若い女性たちの間で有名になっていきます。その流れの中で、当時は新しかったペンションなどもどんどん開業し、また、メルヘンチックな意匠を持った土産物屋やレストランなども建設されることで、新感覚の観光地として清里は注目されるようになりました。

原宿も清里も、当初から日本離れした文化があった場所であり、そのことが、人々が〞オシャレさ〟を求めるようになった70年代後半〜80年代という時代の中で注目されるようになったという共通点を持っています。そして、メディアの注目の中で、さらに非日常性を強調した場所にこの両者ともが変貌していきました。原宿も清里も、新たな時代の中で生まれ出たメルヘンチックで空想的な感受性を受け止めるのに、適した場所であったわけです。

これらはすべて、本当はそれぞれについて掘り下げるだけで一回の講義をするに値する内容をもった文化でありますが、とりあえず、タレント、キャラクター・グッズ、メルヘンチックな観光地という三つの要素について、ザッと見てみました。このどれもが、それぞれ別の経路を辿りながらも、「現実」的なものの遊戯化、空想化、ファンシー化といった流れの中に置けるものであることがおわかりいただけたかと思います。これら、別の系列の中で育まれた空想化の流れが、タレントショップというかたちで合流したのが80年代末期のことです。タレントショップ的なものを80年代文化の総決算と言ったのはこのような理由からです。

[3]〝かわいさ〟を用いた殺菌

これまで見てきたように80年代的という時代は、「ファンシーさ」という感受性が日本社会全体に広がっていった時代です。今度は80年代初頭の文化を見てみましょう。図6-3は渋谷にあったレンタルームという簡易ラブホテルのようにも使える施設の落書き帳に書かれていた文章だそうですが（山根　一九八一：六五）、ここで使われている文字は、「丸文字」とか「マンガ字」とか呼ばれる、多くの少女たちが用いていた文字です。当時、この種の文字について、ルールを逸脱した若者の文字の〝悪しき〟変化として批判する声が多かったのですが、いまの視点で見ると、実際には乱暴に書かれた"汚い"字ではなく、むしろ、練習して整えられた文字であるとも言えますよね。少なくとも、ぼくの書く文字よりは読みやすいはずです……。これもまた、「ファンシー」な方に向けて、変形された文化です。

山根一眞はこの文字を「変体少女文字」と名付け、八三年から調査をはじめています。この調査の中で山根は、少女たちの「変体少女文字」の使用について、「文字の化粧」（山根　一九八一：二二四）、「コミュニケーション・コスメティクス」（山根　一九八一：二二七）という表現で分析しています。大体、中学生ころに女子たちの間には集団意識もはたらいて同じような文字を書こうとする傾向が出てくるのですが、その中で、ノートを読みやすくきれいに書きたいという気持ちがあいまって、徐々に文字がこのように変形されるようになったとのことです（山根　一九八一：四〇）。同じような文字を書くことによって共同性が生まれ、それによってコミュニケーションも円滑に行われるようになります。それが「化粧」と

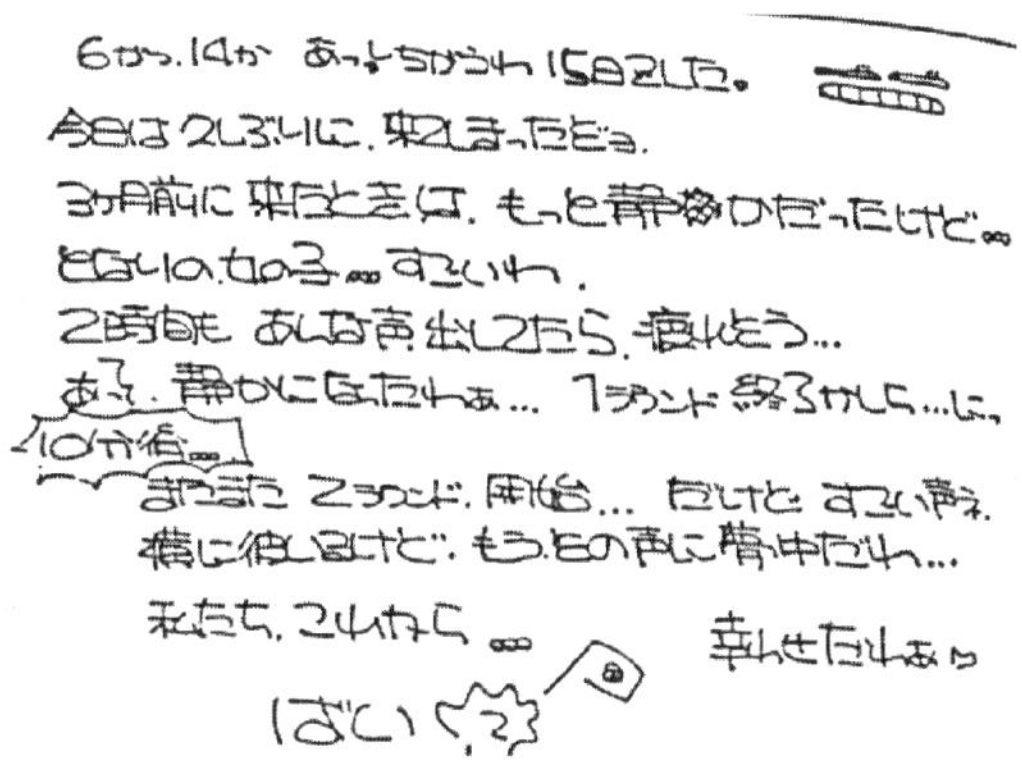

図6－3　レンタルーム・四角い林檎の落書き帳
出所）山根（1981：65）.

いう比喩の内実です。

そして、おもしろいのは、先のレンタルームで、積極的に性的なことが語られているように、わりにえげつない内容も書かれていることです。文字の「ファンシー」化は、書かれる内容を〝かわいらしい〟世界の中の出来事に限定するわけではありません。むしろ、このように文字を「ファンシー」化させることによって、性的なことなども「ファンシー」にコーティングして、表に出しやすくなります。〝かわいく〟加工すれば、相手に受け入れやすいかたちになり、普段、語りにくいことも、コミュニケーションのネタとして使用しやすくもなるのです。こうして、刺激的な内容を〝かわいく〟変化させ、遊戯的にコミュニケーションに入れ込むということが行われるようになります。それはコミュニケーションを活性化させる役割も持っています。こう見ると、この文字の使い方を、「化粧」という呼び方とともに、文字の〝ぶりっ子〟化という呼び方もできるように思います。

山根は、京都の寺の思い出ノートや女子大の過去のレポート(3)、年賀状、ラジオの投稿ハガキなどを調査していった結果、「変体少女文字」は70年代前半に誕生、70年代半ばに急速に普及、80年代初頭に一般化という流れを見ています。実はこの時期というのは、サンリオに代表されるキャラクター文房具が延びていった時期とも重なります。これまでの実用性を重視したノート類に対して、キャラクター付きのノートのシェアが急速に上昇したのは七四年のこと。石油危機による物資不足を予想したサンリオの社長は事前に安い紙を購入しており、七四年に石油ショックが訪れても、手持ちの紙によって値上げをせずに済み、この機会に一気に売り上げを伸ばしたのだそうです（山根 一九八一：一七〇－一七二）。さらにこの時期はもう一つ、シャープペンシルというものが普及し、鉛筆や万年筆が若者たちの間で使われなくなっていく時期とも重なっています。軽い書き味のシャーペンで、キャラクターが描かれたファンシーなノートの上に文字を書く、そのような経験の中で「変体少女文字」は普及していきました。この文字は、キャラクター・グッズの時代と相性が良いものであったのです。

そして、もう一つ、山根がおもしろい指摘をしています。それは『an・an』や『non-no』といったファッション誌で多用されたナール体という文字フォントと「変体少女文字」の類似です。**ナールというのはこういう文字フォントですね。**文字の太さが均質で、トメやハネといったものがありません。若い女性が目にするような雑誌が先駆的に、「変体少女文字」と類似する文字を使用していたということは注目に値しますよね。先に見たように、原宿や清里といった場所にも絡んだ「アンノン文化」がここにも登場しています。旅先での思い出ノートにも、かわいらしい「変体少女文字」がたくさん書かれていました（図6－4）。観光地の「ファンシー化」の流れと、文字の「ファンシー化」の流れの中に「アンノン文化」という共通の源泉を見出すこともできるでしょう。

80年代初頭の女の子たちの文字文化の中にも、ぶりっ子的なもの・キャラクター・グッズ的なもの・アンノン文化的なものの合流という、タレントショップの登場と同じような文化的な動きを見ることができます。70年代に姿を見せ始めた「ファンシー」な感受性は、さまざまなルートで進行しな

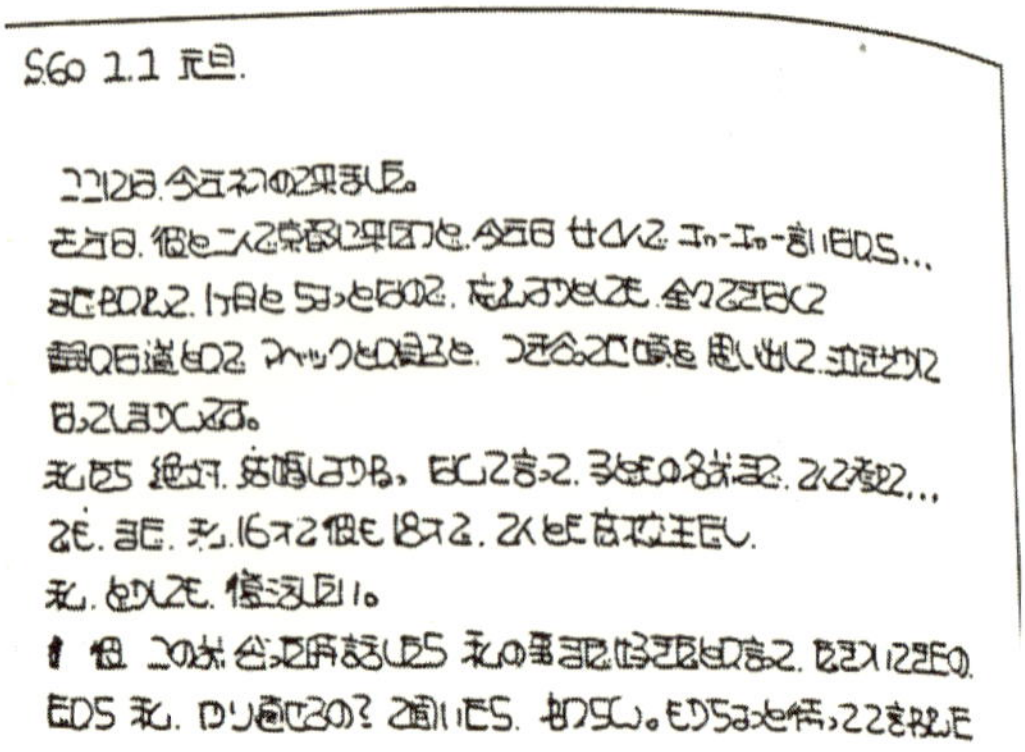

図6－4　京都直指庵『思い出草』

出所）山根（1981：79）.

がら、80年代に存在感を強めていきます。80年代前半と末期にあった二つの文化を見、それをつないだことで、80年代の時代意識を貫く一つの軸として「ファンシー化」への欲望が見えてきたはずです。

ここでいう「ファンシー化」というものは、「現実」的なものを、遊戯性や空想性、虚構性に向けてデフォルメしていくという志向性のことです。「現実」の重々しさや生々しさ、ままならなさを、「ファンシー」なかたちに加工して、軽減ないしは無化していくという動きですね。こうして、「ファンシー」なかたちに「現実」を加工していくことで、それを〝楽しい〟ものとして共有することが可能になります。可能な限り、「現実世界」を「ポピュラーカルチャー」的なものに変えていきたいという欲望をここに見ることができます。重苦しいもの、しんどいものなんかも、どんどん加工していって、見えなくしてしまえばよいのだという時代の気分ですね。このようにして「現実」的なものは殺菌されていきます。

そういう意味では、一九八三年に、日本にもディズニーランドがやって来たということも示唆的なことでしょう。当時はまだ、家族で遊園地なんかに行く時に、家からお弁当などを持っていくことが一般的でした。それに対して、東京ディズニーランドが園内の別世界としてのイメージを統一するために食事の持ち込みを禁止していたことは、よく話題にされていました。「現実」的なものを、イメージの王国の中へ持ち込むことはタブーだったわけです。当時の視点からすると、これまでのレジャー空間とはまったく別種の場所がやってきたということになります。いまから見ると、別にそこまで特別のことではないと感じられるでしょうが、それはディズニーランド的なものが一般化したということでしょう。「ファンシー」化された空想の世界の決定版とでもいうべきものがディズニーランドであり、その日本への輸入と一般化ということから、80年代という時代の性格を見ることもできるでしょう。そもそも、ディズニー文化というアメリカ的なものが、「キャラクター文化」のオリジナルのようなものでもあり、そのオリジナルを受け止めるだけの素地が日本にできあがっていたということでもあります。

［4］記号消費論という枠組

80年代という時代は、学問の世界で「記号」や「情報」といった言葉が多く飛び交っていた時代でもあります。「ポストモダニズム」や「消費社会論」といったジャンルは、「ニューアカデミズム」、略して「ニューアカ」の名の下で流行現象となり、学問の世界を飛び越えて、より広く世間に流通することになります。ここでは、その頃の思想に関して、当時、よく言及されていたボードリヤールという思想家の理論を軸として確認してみましょう。

資本主義がより高度なかたちで発展した社会では、商品に関する論理が変化していきます。人々が最低限生きていくのに必要なものだけを商品としていただけでは、資本主義の発展には限界が生じてしまいます。だから、資本主義は人々の欲望を刺激し、次から次へと、欲しいものを生み出していかなければなりません。このような回路がきわめて大きなものになった時に、「生産」ではなく、「消費」という観念が資本主義の中心的なものになってきます。必要なものを「生産」するのではなく、人々の欲望を煽り、「消費」させることが、高度資本主義社会の中心的な論理となるのです。このようにして成立するのが「消費社会」と呼ばれる社会です。

だから、「消費社会」ではどんどんと新しい商品が開発されていくことになります。その際に、資本の回路は差異を強調し、〝これが新しい商品である〟、〝他とは違う商品である〟というメッセージを発することで、人々の欲望を刺激していきます。かすかな差異を大きなものに見せかけながら、それを人々に欲しい物であると思わせるわけです。このようにして、「消費」の論理は社会全体を覆っていくことになります。

そんな状況の中では、物が持つ使用価値（必要性や実用性）の意味は低下していって、商品の「記号」性こそが重要視されるようになります。ブランドというものに人気があるのは、別にそれが役に立つからでも、つくるために人の手が多く関わっているからでもありません。それは〝他のものとは違うもの〟であるという差異の論理によってのみ、成り立っていると言えるのです。人々は自分の個性を表現するものを求めて、この差異のゲームの中に参入していきます。資本の論理は、〝わたしは人とは違うものを持っている〟と思わせ、物を買わせることで、その人のアイデンティティが保障されるように働きかけます。「自分探し」と「消費」がここで融合します。

ただ、これは別にブランド品のような高級品やファッションのような対象のみに、使われる考え方ではありません。たとえば、ブランド品的なものやファッショナブルなものに反感を感じ、〝実用性〟を重んじるという立場があったとします。反ファッションみたいな立場ですね。「消費社会論」の視座からすれば、このような立ち位置もまた、差異のゲームの中に組み込まれてしまいます。要は、そのような主張を通じて、その人はあくまでも自分の個性、つまり、〝他の人との違い〟を得ようとしているからです。それも「反ファッション」という名の一つの「ファッション」ということになってしまいます。「記号」が支配する世界が強い力を持つのは、「記号」性と対立するかのような「自然」や「ありのまま」、「手作り」、そんなコンセプトまでもが、ある一つの主張をもった「記号」的立場とされてしまうからなのです。〝オレはファッションなんか気にしないよ！〟とか言っても、〝そうい

図6－5　西武の広告

出所）『宣伝会議』1984年5月号，p. 38.

う風に見られたいんですね、アンチ・ファッションっていうファッションがお好みなんですね〟と言い返されてしまう、そんな感じです。このようにあらゆるものを「消費社会」における「記号」や「情報」としてとらえるという立場が、80年代に流行った「消費社会論」的なものの見方です。

当時はCMや広告というものが流行った時代でもあり、このような言説が強い力を持っていました。まさにCMや広告は、〝物それ自体〟以上に強い力で、商品に「記号」や「情報」としての意味付けを行いうるものです。80年代前半には糸井重里や林真理子、川崎徹といったコピーライターがつくるキャッチコピーが流行っていたのですが、彼らがつくる広告の革新性を社会学者中野収は「ものばなれ」という言葉で説明しています（中野 一九八五：七二）。彼らがつくる「不思議、大好き。」、「おいしい生活。」、「そうでないかたもそれなりに」、「夏が近付くと、朝が好きになる」といったキャッチコピーは〝商品それ自体〟とは、ほぼ無縁なかたちでつくられています（図6－5）。現に、こう見ても、これらがどのような商品のためにつくられたものであるかはわからないと思います。ですが、むしろ、そのように「ものばなれ」し、自由に動き回る、軽快さをもったイメージこそが、魅力的なものに感じられるという時代状況が訪れていました。物の使用価値より、実際にはなんだかよくわからない抽象的なイメージの方が購買者の欲望を強く惹きつけていたわけです。このような感性が、「記号」の時代としての80年代的なものであるのです。

「物それ自体」や「現実」といったものが、「情報」や「記号」ととって変わられるような感受性が80年代という時代の中で強い力を持つようになりました。これまで見てきた「ファンシー化」の流れも、この「記号」や「情報」という枠組の中でとらえられるものであると思います。これまで使ってきた空想化という言葉も、「現実」が「記号」や「情報」に変換されるという意味で理解できると思います。「現実」を別のかたちでコーティングして、それを楽しむというのがこの時代の感性における基調的なモードだったのです。

[5]「新人類」と「ファンシー」の間で

「消費社会論」的枠組は80年代という時代を見るのにとても〝使える〟枠組であると思います。この時代に起きた文化的な変化は「記号」や「情報」、「消費」というコンセプトを通して見ると、クリアに見えてくるところがあります。ただ、最近、この「消費社会論」的に80年代を考えるという時に、しばしば使われる時代イメージというものにはちょっとした違和感を覚えています。その点についてお話していきましょう。

80年代以降にその時代をふり返って語られる際、特権的な意味を与えられる存在に「西武セゾングループ」という企業体があります。先の「不思議、大好き。」や「おいしい生活。」というキャッチコピーも、実は糸井重里が西武百貨店の広告に使ったものです。西武グループとは、積極的に「消費社会論」的な考え方を戦略に用いていくことによって、80年代という時代を席巻しました。その考え方を強く読み取ることができるのは、パルコというファッションビルを中心とした渋谷という街の開発です。渋谷にパルコができたのは一九七三年のことですが、この頃はまだ渋谷はいまほどには栄えた場所ではなく、坂が多くて、商業地区には不向きな土地と言われていたそうです。そこで、西武は、単に自分のビルの商売を盛り上げるだけでなく、周辺の若者文化やアートを支援し、それらと連携するという戦略をとることで成功を収めます。そこでは、パルコが成功しただけでなく、渋谷の周辺の土地も若者の街として新たに生まれ変わることになりました。これ以降、西武セゾングループは、アートや学問までを視野に入れた文化戦略によって名を馳せていくことになります。単に物を売るだけでなく、文化を売るという西武グループが行った戦略が、新しく訪れた80年代の「消費社会」と適合的なものとして語られるようになりました。(4)

パルコの成功は渋谷という街の存在感を高めることにもなりました。それまでの銀座や新宿といった盛り場に対して、「消費社会」に適合した新しい都市空間として渋谷は説明されています。その近くにある原宿という街もまた、ファッションビルであるラフォーレ原宿のイメージなどから、渋谷の延長にある「情報」と「記号」の街として語られることが多いですね。西武、渋谷、原宿といった固有名詞は、80年代を語る際に大きな意味を持って使われることが多い単語です。

そして、このような「情報」と「記号」の時代に適応した新しい世代を表現する言葉として「新人類」という言葉がつくられました。この言葉は八六年の新語・流行語大賞に選出されてもいます。「新人類」という言葉はさまざまな場所で使われていた言葉で、その定義もまたあいまいではあるのですが、主に、個人主義的傾向が強く集団生活を好まず、メディア適応力が強いため「情報」に対する感度が高く、また、消費社会的な「記号消費」に順応したライフスタイルを持つ新しい世代のことを指すという風に理解しておけばよいように思います。無数の「情報」があふれる世界の中で、自分自身の感性に基づいてそれを拾い集め再構成することで、新しい価値を生み出していくみたいなイメージですね。生まれた時からメディア的文化に親しんでいたがゆえに順応度が高く、「情報」への新しい「感性」をもった彼らに対して、「旧人類」からの不安と期待が入り混じった視線を当時の文章などから感じることもあります。前に見たコピーライターたちの言葉もこのような枠組でとらえられていたことでしょう。

前節で見たように80年代の社会では「情報」と「記号」というものに関する言説が力を持つようになっていました。そして、その時代をふり返り、日本に新たに訪れた「ポストモダン」的な感覚を説明するために、しばしば言及されるのが、この「セゾン文化」と「新人類」的な感性という二つのものです。両者ともに「記号消費」的な言説を体現したような存在です。そして、この「ポストモダン・カルチャー」が具体的にあった場所として渋谷と原宿というファッショナブルな空間のイメージもよく語られます。多様な「情報」に満ちていた空間である渋谷・原宿と、そこを闊歩する感度の高い「新人類」たちという語り口です。[5]「情報」の世界であるインターネットがある「現在」とも接続しやすい議論ですよね。

ただ、この手の語りの中にある、「センス・エリート」的な80年代像にはちょっとひっかかるところがあります。ここにあるのは「みんな」の文化のような集合性を拒否し、自分なりに文化を再構成していく「センス・エリート」の如き「新人類」像です。要は単一的な「ポピュラーカルチャー」の成立を拒否した、無数の「サブカルチャー」だらけの世界みたいなイメージです。そして、そのような世界を生きるに辺り、「新人類」は「消費社会論」的言説も、自身の行為の中に織り込んで行動していきます。たしかにそのような世界もありえたかもしれませんが、それはきわめて小さな世界であったようにも思います。

実は、今回の講義の前半では、意識的に、原宿のタレントショップや渋谷のレンタルルームの「変体少女文字」のような、渋谷・原宿にあった「ファンシー」な「ポピュラーカルチャー」を紹介することをしてみました。正直なところ、そこにある文化は、いま現在の視点からすれば、〝イケている〟とは言えず、どちらかといえば、〝ダサい〟ものである気がします（この二分法的なものの見方自体が、80年代的なコードの下にあるとも思いますが）。80年代の渋谷や原宿は「消費」的な感性にあふれた空間でした。そして、そこには「センス・エリート」の如き、「個」が立った「新人類」の「サブカルチャー」も存在していたことでしょう。ただ同時に、そのような最先端の世界からは浮き上がった〝イケてない〟「ポピュラーカルチャー」もすぐ近くに存在していました。

「消費社会論」的な軸を通して、80年代の文化的記憶を再構成していくと、かたや、「新人類」的な「サブカルチャー」的空間というイメージ、かたや、「ファンシー」な「ポピュラーカルチャー」的空間というイメージの二つの像が結ばれてきます。この二つのイメージの間のギャップはどうにも気になってしまいます。たしかに、後者の「ファンシー」的な世界も〝あの頃の思い出〟的に語られるところもあります。しかし、どうしても、その語りは〝あるある〟的な思い出語りだけに終始してしまい、時代を分析的に語ろうとした場合には、しばしば前者の「新人類」的なイメージが提示されてしまいます。(6)

自覚的に「消費社会論」を自身の「消費」行動に繰り込んだ「新人類」たちと、〝楽しさ〟の渦の中で無自覚に「消費社会」の論理に巻き込まれてしまっている「ファンシー」の世界の住人たち、そのような二分法で両者の違いを見ることができるかもしれません。たしかに80年代の「サブカルチャー」が持つ先鋭性は、文化として新しい可能性を持ったものであるでしょう（というよりも、イントロダクションで話したように、〝素の〟ぼく自身はそのようなものへの嗜好性を基本的に持っています）。だけど、「ポピュラーカルチャー」論であるこの講義は、むしろ、「みんな」の感覚の中に存在していた「ファンシー」な〝楽しさ〟というものの意味をもう少し、分解してみる作業の方に向かっていきたいと思います。そこからつかむことのできる、「セゾン文化」的な語り口からこぼれ落ちる時代意識があると思うからです。実際のところ、現在の文化状況を見てみれば、生きながらえているものは、どちらかといえば、「ファンシー文化」とつながったものであるようにも思えますし。

［6］「消費空間」と「地方」、そしてメルヘンの廃墟から

ぼくが80年代をイメージする時にまっさきに出てくるのが、「なめ猫」という暴走族のかっこうをした猫のビジュアルです（図6–6）。二〇一六年に、ソフトバンクグループのワイモバイルが、一九八〇円という値段と一九八〇年代という時代を掛け合わせたCMを放映した際にも起用されています（このCMは、そこでの80年代イメージに関する時代的混乱が指摘されることもあるのですが、この混乱も、80年代文化のとらえがたさを示しているように思えます）。「全日本暴猫連合　なめんなよ」が正式名称であるこの猫

たちの商品は一九八〇年に発売され、特に免許証風のブロマイドは一二〇〇万枚売れているそうです。

これもまた、かわいらしさを伴ったキャラクターですよね。ただ同時に、当時で言えばツッパリ、いまで言えばヤンキー的なイメージも強く出ています。80年代の「ファンシー」文化を見る時に、この「ヤンキー」的感覚は大事なものであると思います。しばしばこの手の話をする時に出される名前ですが、コラムニストであるナンシー関が根本敬というマンガ家の発言を借りて、「世の中の九割はヤンキーとファンシーでできてる」（ナンシー関、町山 二〇〇一：九八）と述べています。たしかに現在も、ある種の「ヤンキー」的なファッションと、キティちゃんなどの「ファンシー」は相性がよいところがあります。黒地に金やピンクのキティちゃん柄のジャージやヒョウ柄のキティちゃんサンダルなんかも、東京の東側に住んでいるせいか、よく目にします。二〇一〇年前後に、現代文化論の中で「ヤンキー文化論」が流行したのですが、これは、「新人

図6－6　全日本暴猫連合なめんなよ

出所）『写真集　なめんなよ』表紙，シンコー・ミュージック，1981年．

類」的な若者論的な語りや、もしくは近年の「オタク文化論」の語り口の中でこぼれ落ちてしまう「文化」を拾い集めるために行われた考察であると思います。

なめ猫とほぼ同時期に、原宿には、竹の子族と呼ばれる若者たちが集まっていました。竹の子族の若者たちは、「ハッピ風の長いガウンやぞろりとしたサテンのスーツ、それに長い鉢巻き」、そして「派手な衣装に、さらにぬいぐるみやバッジ、金モールなどの過剰な装飾」をほどこし（NHKアーカイブス　二〇〇三：二七三）、原宿の歩行者天国に集い、ディスコサウンドで踊りまくっていました。当初は、原宿の「ブチック竹の子」で売られていた服装を着ていたことからこの名称がついたのですが、目立つことを目的にした彼らの服装は、どんどんと過剰化し、オリジナルで派手なものになっていったと言われています（図6-7）。竹の子族は、いくつものグループに分かれていたのですが、それぞれのグループはたとえば、流紫亜《ルシア》や犯婦禁《パンプキン》、緒巣架留《オスカル》、可愛娘不理子《かわいこぶりっこ》といった名前を名乗っていました。ここにあるのも、やはり「ヤンキー」的なセンスですよね。

図6-7　竹の子族

出所）NHKアーカイブス（2003：280）.

当時、ＮＨＫの「若い広場」という番組で放送された竹の子族の記録番組があって、それが後に『ＮＨＫアーカイブス』シリーズの一つとして書籍化されているのですが、そこでは一人の竹の子族の少女の姿が記録されています。この番組の中では、「原宿」と彼女が住む「まだ田んぼがあちこちに残る小さな田舎町」が対比的に描かれます（ＮＨＫアーカイブス　二〇〇三：二六二）。「日曜日を心待ちにしていた彼女」（ＮＨＫアーカイブス　二〇〇三：二六四）は高崎線に乗って一時間かけて原宿にやってきます。この番組に解説役で登場する『an・an』の編集者は、原宿について「ファッションと街がシンクロした」場であるとし、他方で「地方の人なんかはとくに、まわりが田んぼや畑なんかだったら、お洒落な服を着ても恥ずかしいですよね」と「原宿」と「地方」の間の文化的ギャップを語ります（ＮＨＫアーカイブス　二〇〇三：二七〇）。少女は「平日の地方」ではできないことを、「日曜の原宿」でします。

今回の講義の前半で述べたように原宿という街は、ファッションの街であるとともに、修学旅行であこがれられるような場所でもありました。「原宿」というのは「地方」から見た「夢の空間」でもあるわけです。「地方」の目から見れば、「記号」だらけの「消費」都市というのは「夢の空間」です。そして、遠く離れた「夢の空間」であるがゆえに、そこを訪れた人々は普段できないような〝過剰な〟遊戯を必死に行います。そこにある遊戯性は、「記号論」や「ポストモダン論」が語るような、クールで〝軽やかな〟遊戯性ではありません。「原宿＝東京」の遊戯にあこがれたがゆえの、過剰な

「記号」的遊戯性であるのです。竹の子族たちの流紫亜や犯婦禁といった、難解な漢字とカタカナが混じり合った世界も、また、このような過剰な「記号」を用いた遊戯の一つとして読み取ることができるでしょう。

「新人類」的な文化とは、充足した「記号消費」的な空間、つまり「東京」の中で自己完結したかのように語られる文化世界でした。「センス・エリート」的な感触をもってしまうのはそれゆえです。ですが、80年代とは、まだ、そのような「東京的情報空間」と地方とのギャップが明確に見えていた時代でもあったはずです。「地方」からやって来る人々は、「消費」空間の遊戯性に〝あこがれ〟、非日常的な〝過剰さ〟をもって、それを〝楽しもう〟とします。むしろ、80年代の「みんな」が志向していた遊戯性とはどちらかといえば、クールで〝軽やかな〟ものではなく、〝あこがれ〟を伴った〝過剰な〟こちら側のものであったはずです。ですから、80年代の「消費文化」は、一部の〝軽やかな〟遊戯性のモードと多くの〝過剰な〟遊戯性のモードが混在する中で構成されていたものであったと思われます。そして、さらに事態をややこしくするのは、後者の〝過剰な〟遊戯性は、前者の〝軽やかな〟遊戯性への〝あこがれ〟ゆえの〝過剰ななりきり〟によって構成されているということです。

一九八〇年代の文化を語ることはとてもむずかしいことである気がしています。それは、この〝軽やかな〟遊戯と〝過剰な〟遊戯という二つのものが混在してしまっている状況を整理していくことのむずかしさゆえです。「記号消費」的な理論枠組は、「消費社会」において、人々が微細な差異に拘泥していく様を描き出すものでしたが、その「消費社会」の論理の中の繊細な差異への着目は、むしろ、「消費社会」とそれに〝あこがれる〟外の世界との間にあるあまりに大きなギャップを見えなくしてしまっているように思われます。

90年代のトレンディドラマについて考えた際に、そこで描かれるものが「東京」という世界に閉じたものであることを指摘しました。それに対して、80年代という時代は、まだ、「ポピュラーカルチャー」の中に「東京」と「地方」のギャップのようなものが強く残っているように感じられます。そして、この文化的なギャップこそが、80年代の「ポピュラーカルチャー」を駆動していたものであるようにも感じられます。80年代的な文化に対して「ポピュラーカルチャーの社会学」がすべきことは、このギャップによって複雑に屈曲した〝楽しさ〟の世界を解きほぐしていくことの中にあると思います。

今回の話をするにあたり、かつて、タレントショップで栄えたと言われる清里の駅前通りを見に行ってみました。駅から離れた場所にある観光地などはまだ力を持ったものでしたが、タレントショップが存在していた駅前の辺りはほぼ廃墟的状況にありました。タレントショップやファンシーショップが閉店した後も、新しい店舗が入ることは少なく、メルヘンチックな意匠が廃墟としてその

図6－8　清里「ワンハッピープラザ」跡地

筆者撮影.

図6－9　清里駅前のレストラン跡地

筆者撮影.

まま残されています（図6－8、図6－9）。

80年代に圧倒的な力を持って、「消費社会」の「ファンシー」な論理は「東京」以外の場所まで広がっていきました。清里にあふれるタレントショップはその最前線であったと言えるでしょう。ただ、その文化的モードが終わり、次のモードが訪れた時に、清里の「ファンシー文化」は取り残されてしまいました。「消費空間」としての体力がある原宿はそのモードの変化の中でも、〝逃げ切る〟ことができ、いまも隆盛を保っています。ただ、その裏側に清里のような「メルヘンの廃墟」が存在することもたしかです。「消費文化」は、忘れられた廃墟を生み出し続けもするのです。

80年代を語る時、渋谷や原宿から語るだけでなく、この「メルヘンの廃墟」から語ることも重要である気がします。それは「東京」のような都市空間だけが「社会」であるという幻想を相対化してくれるはずです。「文化」と「東京」という問題、それは日本の「ポピュラーカルチャー」を考えるにあたり、切実な問いであるはずなのです。

読書案内

ゆかしなもん『'80sガーリーデザインコレクション』（グラフィック社、二〇一七年）は、「昭和のファンシーグッズ」のコレクションを一三四一点載せた楽しい本。膨大な資料写真から80年代の混沌とした空気を感じることができる。時折、はさまれるコラムもまた、体験談とともに時代の感覚を教えてくれる。

斎藤美奈子、成田龍一編による『1980年代』（河出ブックス、二〇一六年）は、政治、文化、思想などさまざまな観点から、80年代という特異な時代を多角的に語ろうとする論集。四本の鼎談、ブックガイドなどもあり、この本から、読者それぞれの関心の枝葉を伸ばしてくこともできるだろう。

「ヤンキー論」については、斉藤環『ヤンキー化する日本』（角川oneテーマ21、二〇一四年）。同著者の『世界が土曜の夜の夢なら　ヤンキーと精神分析』（角川文庫、二〇一五年）の方が一冊の本としてのまとまりがあるかもしれないが、初出が連載ということもあり、多様な論者たちとの対談で構成された本書の方が入り口としては読みやすいようにも思う。序章で論点が簡潔にまとめられている。総じて「学者」という人々と「ヤンキー」という存在は相性がよくないところもあり、その点は、「ヤンキー論」というもののむずかしさが出てくる部分であるかもしれない。

「キャラクター」「夢の空間」という問題を考えるに辺り、その源流を成すであろう「ディズニー」というアメリカ文化を無視するわけにはやはりいかないだろう。ニール・ガブラーによるウォルト・ディズニーの伝記『創造の狂気　ウォルト・ディズニー』（ダイヤモンド社、二〇〇七年）は、ショッキングなタイトルに比して、肯定と批判のバランスがとれた本である。「夢の王国」がどのようにできあがったものであるのかを見ておくことは、その「夢の王国」の延長線にあるわたしたちの文化空間を考察する際に重要な視座を与えてくれるはずだ。

注

（1）ただし、それ以前から、一九六〇年のダッコちゃんブームなど、日本にもキャラクター・ブームが起きていたことは指摘しておくべきことであるだろう。

（2）修学旅行で原宿の竹下通りが人気となった理由は、引率の教員の立場から見ても、風俗営業がないことや、行動範囲が限定できることなどから、選びやすい場所であったということも語られている。
（3）「変体少女文字」は、「ポンジョ（＝日本女子大学）文字」と呼ばれていたこともあるという。
（4）先の「自然」や「ありのまま」という「記号」の論理についても、一九八〇年に開始される「無印良品」というコンセプトの中にその実際的な使われ方を見ることができるだろう。
（5）たとえば、宮沢章夫の『東京大学「80年代地下文化論」講義』（白夜書房　二〇〇六年）は、自覚的にそのような80年代像を提起している。
（6）小谷敏の『若者たちの変貌』は一九九八年の段階で、「新人類」的な80年代のとらえ方を「疑わしい」という視点から論じている（小谷　一九九八：一八四―一八七）。

第7回

あなたの知らない世界
——70年代オカルトブームを考える——

[1] 虚構の時代という枠組

前回の授業の後半では、80年代文化の語り口について考えてみました。しばしば、「新人類」というイメージに基づいて80年代という時代は語られるが、その〝クールさ〟に焦点を置いた語り口は、80年代文化の中の実際には主流を成していたはずの〝過剰さ〟のようなものを覆い隠してしまうかもしれないという内容でした。それは、いまから見れば〝ダサい〟かもしれないものが持つ〝楽しさ〟を見落とすことにもつながります。

80年代文化は、たしかに「現実」から遊離した空想的／遊戯的なイメージが前面化した時代でした。ただ、この空想性や遊戯性を「記号」という〝フラットな〟コンセプトで包含しようとすることは、人々が文化というものの中に込めた感情や感覚といったふくらみを事前に削ぎ落としてしまうようにも思えます。80年代という時代には、コンピューター的な情報処理がどんどんと導入されていったように、文化が「記号」化、「情報」化していく流れが存在していたこともたしかです。しかし、その流れを、社会全体を覆い尽くしていた包括的な文化モードと見るのではなく、80年代に生じていたいくつかの流れの内の一つとして見てみたらどうでしょうか。つまり、「記号」化や「情報」化を、空想化や遊戯化の上位概念として置き、そこに80年代文化を収束させるのではなく、逆に空想化や遊戯化こそを80年代の文化をまとめる方向性として置いてみたらどうでしょうか。「記号」にすることも、「ファンシー」化することも、「パロディ」化することも、空想化／遊戯化という大きな流れの一つとして見てみるということです。

このように考えてみるときに導きの糸になるのが、見田宗介による「虚構の時代」に関する議論です。見田は戦後日本の「時代の心性の基調色」（見田　二〇〇六：七二）の変遷をとらえるべく、『理想』の時代」（一九四五年から一九六〇年頃までの〈プレ高度成長期〉）、「夢の時代」（一九六〇年から七〇代前半までの〈高度成長期〉）、「虚構の時代」（一九七〇年後半から）という三つの時代区分を設定しています。この「理想」、「夢」、「虚構」という言葉はそれぞれ「現実」という言葉の反対語になっています。たとえば、〝理想と現実は違うんだよ！〟とか、〝夢を追ってばかりいないで現実を直視しろ〟とか、〝虚構と現実の区別がついていない〟とか、そんな風にそれぞれの言葉は「現実」と組み合わせて使うことができますよね。見田は、この三つの「現実」の反対語を、それぞれの時代の意識と対応させながら考えていきます。どういうことか見ていきましょう。

「『理想』の時代」というのは、まだ「現実」の中に不足や欠如があり、それを埋めていかなければならないような時代状況のことです。戦後すぐの日本社会はまだ貧しく、目指すべき「生活の向上」という「理想」があり、それが経済的復興の原動力となっていました（見田 二〇〇六：七四）。この「理想」は「近代化」と読み替えても良いものでしょう。「理想」はまだ「現実化」されていません。ですから、人々は「理想」に向けて、日々の生活を組み立てていきます。この「『理想』の時代」の段階ではまだ、「現実」の延長線の上に目指すべきものとしての「理想」が存在していました。

一九六〇年代に入り、日本社会の「近代化」は段々とその姿をあらわしはじめます。「高度成長」というかたちで豊かさは日本社会に広がっていきました。それとともに、「社会構造の根底からの変革」（見田 二〇〇六：七七）も起こります。工業化、都市化、核家族化といった変化は、これまでの日本社会の基盤を解体していきます。ですが、代わりに、「近代」は人々に新たな幸福感を提供してくれます。もはや、「理想」は社会の中でそこまで必要とされるものではなくなりました。代わりに、現状の幸福な空気の中で、人々は「近代社会」が生み出した「夢」を享受していきます。そして、この「夢」をさらに享受すべく、人々は生活を営んでいきます。

一九七〇年代半ばになると、日本経済は成長から安定の時代へと変化していき、その中で自国を

「先進国」であると意識するようになりました（見田　二〇〇六：八七）。このことは前回見た、「生産」中心の社会から「消費」中心の社会への変化を生み出すものでもあります。そうした「高度消費社会」化の流れの中で、「実体的」なもの、「生活的」なもの、「リアルなもの」（見田　二〇〇六：八八）はどんどんと「虚構化」されていきます。「夢」はまだ「現実」と接地していました。それに対して、さらに人々は、「現実」的なものから離反していこうとします。このような社会意識を持った時代を見田は「虚構の時代」と呼びます。「現実」から離脱した「虚構」の世界が人々の欲望を煽っていきます。これら、「理想」、「夢」、「虚構」というのは、人々が「現実」とは別のものとして世界の中につくりだそうとしたもの、すなわち、文化の在処として見ることもできるはずです。

「理想」への欲望はそれの「現実化」を求めるように、実は「現実に向かう欲望」でもあります（見田　二〇〇六：七一）。それに対して「虚構」への欲望は、「現実」から離反せんとする欲望の在り方です。ぼくが見てみたいと考えた「空想」化や「遊戯」化といった文化的な流れも、この「虚構」への欲望として見ることができるだろうと思います。単に「記号」化してしまったという〝フラット〟な読みに対して、見田の「虚構の時代」の枠組は、そこにある心性のようなものを含めて拾うことができますし、その欲望の在り方をそれ以前の時代との比較可能性の中に置くことができるようにも思います(1)。

これまで講義でしてきた話の中で、一九八〇年代に起きたことを、ファンシーグッズや少年ジャンプを見ることで「空想」化の流れとしておさえてきました。そして、一九九〇年代を、トレンディドラマとCDバブルを通じて、「メディア」的なものが生活の基盤を成すようになった時代として考えてきました。この80年代から90年代の文化的流れは「虚構的なもの」の深化の過程として読み取ることもできるでしょう。

「虚構の時代」を説明する議論の冒頭部分で、見田は一九七四年の流行語である「終末論」と「やさしさ」という二つの言葉をあげ、それが「社会構造の……転換に呼応する社会意識であると同時に、その後の……時代の感性の基調を表現する言葉となります」（見田　二〇〇六：八七）と語っています。この二つの言葉は見田にとって、「虚構の時代」の端緒を説明するものなのです。そこで、今回と次回の二回を使って、70年代のポピュラーカルチャーから、この二つの言葉の意味を考えてみたいと思います。その作業は見田がいうところの「虚構の時代」という言葉の理解を深めるものにもなるはずです。

今回の授業で考えてみたいのはこの二つの内、「終末論」という論点の方です。一九七〇年代は日本の未来や人類の未来について、非常に悲観的な「終末論」的なイメージが日本社会全体に広がり、「ブーム」になった時代でもあります。まず、この「終末論ブーム」について考え、そこからそれと連動した70年代の「オカルト・ブーム」について話題にしていきたいと思います。

［2］終末論という「流行現象」

「終末論ブーム」という言葉は、いささか違和感がある表現かもしれません。「終末論」とは通常、宗教的な観念のようなものであり、流行り廃りのような枠で考えるべきものではないと思う人もいるかと思います。ただ、この時期の「終末論」は、ベストセラー書籍や映像などさまざまな媒体を通じて、それが「娯楽」のようなかたちで広まっていたことに特徴があるのです。評論家の円堂都司昭は『戦後サブカル年代記』の中で、戦後のサブカルチャーの変遷を「終末カルチャー」という言葉でとらえ、その成立を70年代に置いています。たとえば、一九七四年に放映が開始され後に大ヒットしたアニメ『宇宙戦艦ヤマト』も放射能汚染で終末寸前になった地球を救うために宇宙に旅立つというストーリーで、毎回、「地球の滅亡まであと○○日」というカウントダウンのテロップが表示されていきます。こんな風に、当時の文化表現の中には多くの「終末論」的イメージを読み取ることができます。70年代は「終末論」が「流行現象」になった奇妙な時代であるのです。

「流行現象」としての「終末論」の象徴となるのは一九七三年に刊行された二冊のベストセラー書籍の存在でしょう。その一つが小松左京のＳＦ小説『日本沈没』です（図7-1）。『日本沈没』は当時まだ目新しかったプレートテクトニクス理論などの科学的知見を援用しながら、地殻変動によって日

図７－１　小松左京『日本沈没』

出所）『日本沈没』光文社，1973年．

図７－２　五島勉『ノストラダムスの大予言』

出所）『ノストラダムスの大予言』祥伝社，1973年．

本大陸が水没していくという設定を用意し、その只中に置かれた日本人たちの姿を描くという小説です。上下巻合わせ三八五万部を超える部数を記録し、「世紀の大ベストセラー」と評される作品でした。同年に映画化されこれもヒットしていますし、また、二〇〇六年には草彅剛主演で再映画化されてもいるので、こちらの映画の方で知っている人もいるかもしれません（この二つの時代につくられた映画を観比べてみるのもおもしろいです）。

そして、もう一冊は、ルポライターである五島勉(2)による予言者ノストラダムスの紹介本『ノストラダムスの大予言』です（図７－２）。この本は、ルネサンス期フランスの医師、占星術師、詩人であったミシェル・ノストラダムスの「予言詩」を解釈して、間近に迫りつつある人類の終焉の可能性について考えようとするものです。特に有名なのは、

一九九九年、七の月
空から恐怖の大王が降ってくるだろう
アンゴルモワの大王を復活させるために
その前後の期間、マルスは幸福の名のもとに支配するだろう

という詩ですね。さまざまに解釈可能な詩だと思いますが、これを五島は、人類絶滅の詩として解釈します。過ぎてしまえば大概の人には笑い話になってしまうと思いますが、「一九九九年」という、出版時からすれば二五年後における「終末」は、遠すぎず近すぎずといった時期であり、独特のリアリティをもって当時の人々に受け止められました。そして、そのインパクトから、この本も三カ月で一〇〇万部、その後、累計二〇〇万部を越えるベストセラーとなりました。一九七三年は、日本の沈没と人類の終焉を語った二冊の本を多くの日本人が手にとって、恐怖した年だったのです。

なぜ、七三年にこのような「終末論ブーム」が起きたのか、その問いに対してしばしば指摘されるのが、当時の日本社会を覆っていた「社会不安」の感情です。同年一〇月に中東戦争の影響で「石油ショック」が起き物価が高騰したように、この時期は、豊かになった日本経済がいつ失墜するのかという「不安」が社会の前面に出はじめていた時代でした。また、「近代化」の推進力となった「科学技術」というものも、公害や核戦争の不安を引き起こすものとして、負の性格を強く人々が感じるよ

うになっていた時代でもあります。「人類の進歩と調和」をテーマに掲げ、「科学」が切り開く明るい未来を表現しようとした日本万国博覧会が一九七〇年に開かれていましたが、この万博を頂点として、(3)それ以降、「科学」や「近代」への信頼は失われていき、時代状況の中でそれらはむしろ、不安を生み出すものとして意識されるようになっていきました。「近代」や「科学」の「理想」も「夢」も、もはや、その輝きを失っていってしまいました。そんな時代だからこそ、人々は暗い未来を描き出す「終末論」的なものに惹きつけられていったという部分はあるでしょう。

ただ、話を少し厄介にするのは、「終末論」的なものと「科学」との関係です。たとえば、『日本沈没』はフィクションではありますが、当時の最新の「科学」的知見を用いての「終末論」のシミュレーションという性格をもった小説でした。「科学」への不信どころか、「科学」によって描かれた未来予測が表現されています。そして、「予言」という「非科学」的なものを扱っているかに見えた『ノストラダムスの大予言』についても、いざこの本を読んでみると、この予言によって描かれる「終末」的未来が「科学」的な知見と組み合わされて語られているのです。一見、「非合理」的なものに感じられるノストラダムスの言葉が、当時の「科学」的予想と一致していることから、予言として価値を持つものであると評価されます。著者である五島勉は自分の予言に関する一連の仕事を「文明批評」の名でまとめてもいます。『ノストラダムスの大予言』もまた、「科学」を全否定するものではなく、予言と「科学」の総合をこそ目指している印象があります。現に翌年、この本は映画化されるのですが、そこでは科学的な未来予測と組み合わされるかたちで映像化されており、文部省（当時）の推薦映画でもあったのです。

「終末論ブーム」を単なる「科学」に対する不信感の増大によるものと見ることは単純すぎる見方でしょう。どちらかといえば、それは「科学」に対する信頼と不信が混じり合った場所で成立するものであると思います。「科学」というものが社会の隅々にまで行きわたり、当たり前のものになったからこそ生じてきた、「科学」への内側からの疑問や不安がこれらの表現を生んだと考えられます。70年代の『終末論』は「科学」の外側にあるものではなく、「科学」と混じり合うようなかたちで存在するものでした。

逆に言えば、「終末論」的なものに対しても、人々は信と不信が入り混じったような感覚を持っているということになるでしょう。「科学」的基準で計ることができるのか、できないのか、曖昧模糊としたフィクショナルな「終末論」に対しても、多くの人はそれを真実ともウソとも判断がつかないようなものとして受け止めていたように思います。この信と不信がさまざまに交錯した状況だからこそ、70年代の「終末論ブーム」は奇妙なものになっているわけです。人々は、単に未来に「不安」を感じ、だからこそ、〝暗い〟運命論的に「終末論」を受容していたわけではないのです。むしろ、半分信じ、半分疑うような気分を持っていたからこそ、恐怖しつつ楽しみ、楽しみつつ恐怖するような感覚の下、「終末論」に惹きつけられていったのだと思います。(4)「理想」や「夢」というわかりやすい目標が消えた中で、人々はただ価値観の喪失の渦中に叩き込まれたわけではなく、〝暗いもの〟〝恐ろしいもの〟、〝なんだかわからかないもの〟に対して欲望を向けるということをするようになりはじめました。この不思議な感覚を深めて考えてみるために、同時代に起きていた「オカルト・ブーム」というものを次に見てみましょう。

［3］オカルトの時代

一九七〇年代という時代は「終末論」に留まらず、さまざまな「オカルト」的な事象がブームになっていた時代です。ＵＦＯや超能力、未確認生物、心霊現象など、さまざまな超常現象的な文化がメディアや人々の会話の中で話題となっていました。一九七〇年には広島で類人猿ヒバゴンが発見され、七二〜三年にはツチノコ・ブーム、七三年には石原慎太郎を隊長としたネス湖探検隊が組織され、七四年には中岡俊哉編の『恐怖の心霊写真集』が刊行、大ヒットとなっています。この合間にも、たくさんのＵＦＯ目撃譚があったり「超能力者」が現れたりと、まさに「オカルト・ブーム」と言いうる状況がおとずれていました。

その中でも特に強い印象を残したのが、一九七四年に来日した「超能力者」ユリ・ゲラーでしょう。彼はテレビに出演し、自身の「超能力」を用いてスプーンを曲げたり、もしくは視聴者に家にある止まった時計を用意させそれを画面から「念力」で動かしたりといったパフォーマンスを見せ、大きな話題を呼びました（図7－3）。そして、ここから、「超能力ブーム」が起きます。この「超能力ブーム」が特徴的なのは、単に人々がユリ・ゲラーの超能力を見て楽しむだけでなく、ためしに自分でもスプーンを曲げようとしてみたことにあるでしょう。そして、実際に曲げることができたと語る「超能力少年」たちも数多くあらわれ、彼らが今度はメディアを賑わすことになります。

今日はぼくもスプーンを用意してきました。ためしに曲げてみましょうか。実は、スプーンというものは、多くの人がイメージするよりやわらかいもので、ある程度、力をかければ曲げることができます。あとは、こすっているふりなどをしながら、うまく、指を配置して支点をつくったりすると、力をかけていないように見せかけながら曲げることなどもできます。ぼくはそこまでうまくできるわけではないですが、それでも、こうやって話しながら、そっちにみなさんの意識を集中させたりすれば、それなりにごまかせたりして、それっぽくできるかなと思います。

図7－3　ユリ・ゲラー・ブームの渦中で発売されたレコード

出所）『ユリ・ゲラー』TRIO，1975年．

今回の授業では、とりあえず、「超能力」や「オカルト」的事象の真偽は問わないことにしておきましょう（ぼくはこの手の話題は好きなのですが、最終的には信じていない方に近いのではないかと思います）。ユリ・ゲラーやそれに触発された「超能力少年」たちも、当時からトリックやインチキの可能性が指摘されたりしてはいるのですが、その真偽論争みたいなものがさらにメディアを賑わすことにもなり、それを通じて、「オカルト・ブーム」がさらに加熱したということもあるように思います。ワイワイと、あれはウソだ、ホントだ、みたいな会話をしていると、それ自体が独自の楽しさを持っていきますよね。「終末論」についてでも話したように、信じることと信じないことの境目にあるよう部分がむしろ魅力となり、「オカルト」的なものはブームになっていきました。

実際のところ、個々の超常現象は、この「オカルト・ブーム」以前から存在しているものでした。「終末論」などはそもそも宗教的なものと古くから結びついているものですし、未知の生物だってずっとずっと語られてきました。幽霊だってどれくらい昔から語られてきたものか。もっと絞って、日本国内でメディア的トピックとして超常現象が取りあげられた事例にしても、雑誌の中では怪奇小説のようなものはずっと存在してきていました。三島由紀夫や星新一も加盟していた研究団体「日本空飛ぶ円盤研究会」の設立は一九五五年ですし、人類滅亡的な未来予測もすでに60年代後半から少年雑誌のグラビアに大量に載っていました。(5)「幽霊写真」に至っては写真が日本に入ってきてすぐ明治時代にすでに出回っていて、「心霊写真」という言葉も大正時代には登場していたそうです（池田 二〇〇〇：三）。いつだって、超常現象的なものは人間社会の中に存在しています。

だとすると、70年代の「オカルト・ブーム」に特有な要素は一体、なんなのでしょうか。一つは当時、急速に広がっていったテレビや雑誌といったメディア環境の中でこれらのものが取り上げられ、これまで以上に人々の間に広まる現象になったことです。「オカルト」的なものは、しばしば先進的な国では若者たちに流行する傾向があると言われているのですが、日本の「オカルト・ブーム」は単に「若者文化」を超えて、マスメディアを通じて、もっと広い層に受容される「大衆文化」的なものとして存在していたことに特徴があります（井上　一九七七：八二-八三）。70年代日本では「サブカルチャー」以上の「ポピュラーカルチャー」的な存在感を持っていたと見た方がよいでしょう。

この時期にもう一つ特徴的なことは、「オカルト」という枠組が生まれて、これまで個別バラバラに存在していた超常現象的なものが、この一つのカテゴリーの中にまとめられるようになったことでしょう。オカルトとはラテン語の「隠されたもの」という意味を持つ語 occulta を語源とする言葉で、ここから超常現象的なものを指す言葉として使われるようになりました。一九七三年にコリン・ウィルソンという著述家の『オカルト』という本が邦訳され、日本にもこの語が広まります。社会学者井上俊が当時のエッセイの中で、この本が出るまで「オカルトという言葉を知らなかった。……大勢としては、むしろ知らない方が普通だったのではないかと思う」（井上　一九七七：七八）と述べているように、この本以降、「オカルト」という言葉が一般化したようです。メディアで同時多発的に流行るようになっていたさまざまな超常現象をまとめる言葉が生まれたことはとても大きなことでした。ＵＦＯも幽霊も超能力も未確認生物も、それまではバラバラに存在していた好奇心の対象が「オカルト」の語の下で統一的にとらえられるようになっていくのです。こうしてブームは加速します。

この統一化された「オカルト」観を広めた人物として、二人の名前をあげてみたいと思います。一人はつのだじろう、もう一人は中岡俊哉という人物です。つのだじろうは元々はギャグマンガや実録空手マンガ『空手バカ一代』などを書いていたマンガ家ですが、一九七三年に『恐怖新聞』と『うしろの百太郎』という二つの「オカルトマンガ」をヒットさせています。二冊ともに基本的には心霊現象を扱ったマンガなのですが、その流れの中でＵＦＯや未確認生物、超能力の話なんかも登場しています。(6)「心霊マンガ」を読んでいると、自然に、他の超常現象についても知識がついてくるわけですね。中岡俊哉は「心霊研究家」を名乗る人物ですが、児童書で特に人気を博し、共著も合わせると二〇〇冊以上の本を書いているようです。代表作である『恐怖の心霊写真』に留まらず、『テレパシー入門』、『空飛ぶ円盤と宇宙人』、『世界の怪獣』などの本も人気があり、やはり、多様な超常現象を対象にしています。多種の超常現象を扱った作家の本などを手に取ることで、さまざまな対象が入り混じった、「オカルト」という一つの領域が立ち現れてくるのです。

そして、このように雑多ともいえる領域を横断するようになった「オカルト」の世界はそれをつなぎあわせるような独自の論理を必要とするようになってきます。たとえば、中岡は超能力の一つであるテレパシーについて話題にしながら、それでＵＦＯを呼ぶことができるというように二つの現象を関係づけていきます。このようにして最終的に「ある特殊な能力に目覚めれば、スプーンを曲げ、霊と交信し、ＵＦＯも呼べる」（前田　二〇一六：一四八）というような諸対象のつなぎ合わせが行われます。つのだのマンガの場合も同じように、主人公は心霊的なものとの接触を軸に多種多様な現象に遭遇しますが、それはやはり物語の中で単一の世界観にまとめられていきます。(7)体系化された「オカルト」の世界は、この二人の人物の書物を通じて大衆化していきました。

この「オカルト」世界の中には、「終末論」と同じように「科学」というものとの両義的な関係が存在しています。それは中岡が「心霊研究家」を名乗り、つのだも「心霊科学」という言葉を使っていること（『うしろの百太郎』の主人公の父親は「心霊科学研究所」を営んでいます）にも見てとれるでしょう。両者はともに、時には「科学」的な理論を扱い「オカルト」的な現象を語りつつ、時には「科学」ではまだわからないことがあるという論理で「オカルト」を語ります。ここにも「科学」や「近代」に対する、信と不信の双方があらわれ出ています。だから、ここで使われる説明体系は、ノーマルな「科学的」体系とはずれたところにある「疑似科学」的体系となるのです。そして、この「疑似科学」的体系によって、真実と虚偽が独自に配合されたリアリティが存在する「虚構の世界」が生み出されることになります。それは〝うさんくさい〟ものであるかもしれません。ですが、ある種の〝うさんくささ〟というものは、特異なリアリティを持ち、人を惹きつけるものでもあるのです。「オカルト」の魅力とはこの「疑似科学」的なリアリティが持つ独特の〝うさんくささ〟の中に大きな秘密があるのだと思います。

［4］オカルトに参加する
――スプーンを曲げる、心霊写真を撮る――

ウソか、ホントか、という議論の存在が、「ポピュラーカルチャー」としての「オカルト」の人気を加速させてきたという話をしてきましたが、実際に自分でそれをためしてみることができるということも、「オカルト・ブーム」がここまで熱くなった理由でもあるでしょう。「70年代オカルト」を代表するスプーン曲げはその代表的な例です。テレビの画面の中でユリ・ゲラーの超能力を見て、実際に自分でためしてみる、そのためにはどこの家にも普通にあって、しかも日頃手に取っているスプーンは適当なアイテムです。ためしに手に取ってみる、すると、さっきも言ったように、実はスプーンというものは予想よりもややわらかいものです。でも、そのやわらかさには気付かずに（もしくは気付いてしまって）、軽く力を入れてみたら曲がった！、とそんなこともあったでしょう。そして、翌日、学校では誰々がスプーンを曲げただの、あれはインチキだだのワイワイガヤガヤと盛り上がります。単に「超能力」の有り無しを理屈で議論するだけでなく、自分の手で体験的に議論に参加できることは人々のその話題への熱中を深めていくはずです。みんなで紙の上にコインを置いて占いをする「コックリさん」も同じように、ためすこと自体は簡単にできます。

自分で試してみることができるというのは、「70年代オカルト」の多くのものに見ることができる性格です。「心霊写真」も、自分で撮ろうと試してみることができますし、また、すでにある写真を隅々まで見て、人の顔らしきものを探すこともできるでしょう。そして、ここで発見された「心霊」は、例によって、木の影ではないかとか、光の加減ではないかなどと仲間内で真偽論争をはじめ、それを楽しむこともできます。ＵＦＯもしかり。空で光を見た、でも、あれは飛行機や星かも、みたいな議論がされます。

ツチノコ・ブームもその点で考えるとおもしろいかもしれません。胴が太い蛇というわかりやすい形状はあまり荒唐無稽なものでなく、探せばいそう、でも、やはりいないかもしれないという絶妙な未確認動物としてのバランスを兼ね備えていて、つい探してみたくなります（図7－4）。そして、ツチノコの姿は、蛇が小動物を呑み込んだ姿とそっくりなわけで、見間違いを起こしやすいものでもあります。見間違いやすいということは、真偽論争がしやすいわけです。リアリティの面でも、真偽論争のし

図7－4　ツチノコ手配書
出所）山本素石『逃げろツチノコ』山と渓谷社，2016年，p. 59.

やすさという面でも、ツチノコは人々の好奇心を惹きやすいかたちをしています。

参加という面で見ると「ノストラダムスの大予言」というのは究極の参加型「オカルト」でしょう。人類が滅亡するという「予言」は、本当であれば、否応なくすべての人間を巻き込みます。つまり、全人類参加型「オカルト」であるのです。ホントかウソか、わからないままに、人々は自分たちが巻き込まれた「予言された未来」について、議論していきます。二五年後という、近いのか、遠いのか、わからない時間的距離感も絶妙で、恐怖するとともに、どこか、まだ先の他人事のようにその真偽を楽しむことができるようなものである気がします。不安と好奇心の間で、独特のゾクゾク感が読者の中に生まれたのではないでしょうか。

このように日常の中で、好奇心に導かれ、人々は「オカルト」の世界に積極的に参加していきましたが、メディアも、また、自分たちが展開する「オカルト」の世界に人々が積極的に参加できるような仕掛けを用意しようとしていました。たとえば、ユリ・ゲラーは生番組で、画面から視聴者に対してスプーンやフォークや時計などを用意するように語りかけました。また、視聴者の反応を直接受け取るためにスタジオには多くの電話が用意されていたということです。画面から呼びかけられた視聴者は実際に試してみて、テレビ局にスプーンが曲がった！とか時計が直った！などと電話で報告をします。あまりの反響の多さに電話はすぐにパンク、テレビ局の回線自体が飛んでしまったとも言われています。その反響が画面で確認できることは、ふたたび、視聴者の参加熱を高めます。そして、その果てには「超能力少年」という新たな「スター」たちがあらわれもしました（子どもをこのようにメディアが利用することの是非の問題はあると思っていますが）。

「心霊写真」に関する雑誌特集や書籍もまた、読者の積極的な参加によって成り立っているものです（図7-5）。ブーム時には段ボール数箱分の写真が読者から毎月送られてきていたという雑誌編集者の証言もあります。自分が撮った写真の中に「心霊写真」をみつけた人々は、それを雑誌や本に投稿します。そして、その投稿写真を集めて、本や雑誌ができあがります。本に載ったかどうかで、自分が送った写真が〝本当の〟「心霊写真」だったかを確認することができます。「心霊写真」に関する「メディア」は鑑定や判定という機能を持ったものでもありました。そうしてできあがった本や雑誌を見て、読者は「心霊写真」を自分でみつけたくもなります。このようにして、「心霊写真」ブームは広がっていきました。「メディア」に自分の写真が登場する喜びによって、ブームは加熱されます。

このように70年代という「メディア」が力を持つようになった時代には、その時代ゆえの新たな「参加型オカルト」が登場したわけ

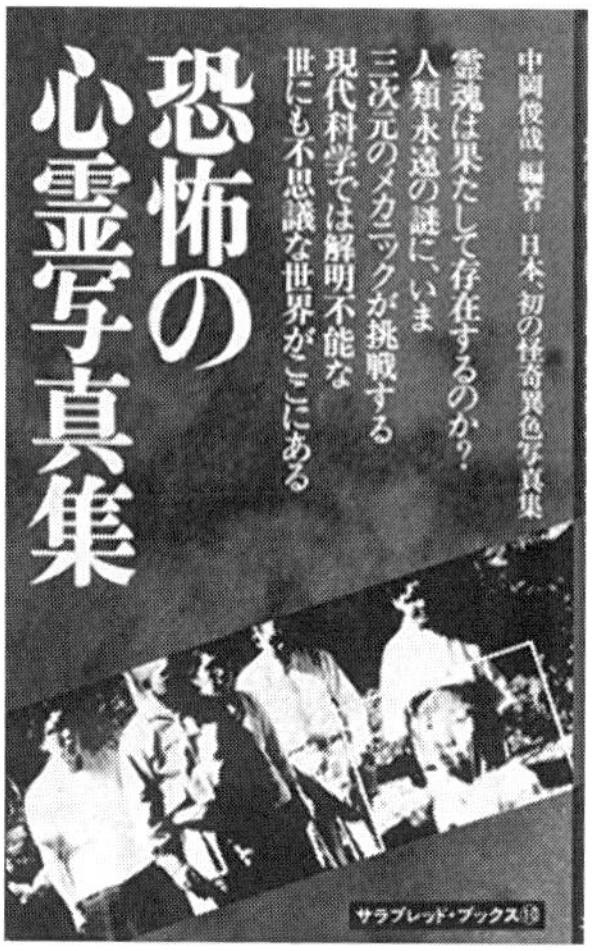

図7-5　心霊写真集

出所）中岡俊哉編『恐怖の心霊写真集』二見書房，1974年．

です。参加する楽しみは、「メディア」というものの存在によって大きく増幅されることになります。70年代の「オカルト・ブーム」とは「メディア時代」の産物でもあります。

［5］旅の時代と未知との遭遇

一九七三年の第四次国民生活審議会には「レジャーが生活のあり方を規定する重要な要素となってきた」という文言を見出すこともできます。経済的な充足がある程度達成された後、次は精神の充足が意識されるべきだというわけです。こうした「レジャー」の一つとして、「旅」というものは、心身の休養とともに「未知のもの」に触れるという創造性を持ったものとしても重宝されました。70年代という時代は「旅」の存在感が日本社会の中で大きくなり出した時期でもあるのです。この「旅」という同時代的な流行物と、「オカルト」とを並べながら、考えてみましょう。この二つはともに「好奇心」というものが重要なファクターになるものです。

日本で海外旅行が一般の市民に対して自由化されたのは一九六四年のことです。実はそこまで古いことではないですね。ただ、この頃はまだ相当にお金がかかるもので、一部、富裕層向けのものに過ぎません。それでも、海外というものへの人々の興味を惹きつけるべく、たとえば、一九六六年には『すばらしい世界旅行』という番組がはじまっています。これは海外でも、欧米以外の国の文化や風習などを積極的に紹介する番組でした。こうして、人々の「未知」の海外への好奇心は刺激されていきます。そして、一九七二年に年間海外渡航者数が一〇〇万人を越えるような状況が訪れます。このように海外というまだ見ぬ世界への「好奇心」が強まっていく時代に、ネッシーや雪男といった秘境にある未知の生物への「好奇心」も同時代的なものとしてありました。海外には「未知」のものがある。その果てには、人間がまだ見知らぬものだってあるかもしれないというわけです。実際、「心霊研究家」の中岡俊哉にしても、それ以前は世界の国々を巡りその体験記を本にしていました。

同様に、国内旅行も「オカルト・ブーム」と並べることができます。前回、清里についてお話したときに、国鉄が一九七〇年からはじめた「ディスカバー・ジャパン」という大々的なキャンペーンについて話題に出しました。「日本を発見し、自分自身を再発見する」をコンセプトに電通が協力して行ったこのキャンペーンは、これまで気付かれていなかった日本の観光地としての魅力を見出していこうというものです。この企画と連動した紀行番組『遠くへ行きたい』というテレビ番組なども存在していました。国内の諸地域に対して観光化というかたちで「好奇心」が向けられていきましたが、ツチノコやヒバゴンといった未確認生物が日本で大きな話題になったのもこの時期です。特に広島県の比婆郡で一九七〇年に目撃された類人猿ヒバゴンは、地域の観光振興のために役場に「類人猿係」(「通称ヒバゴン係」)ができるほどの騒動になっています。ヒバゴン音頭やヒバゴンまんじゅうもつくられたそうです(この顛末は当時の「ヒバゴン係長」の回想書、見越敏宏『私が愛したヒバゴンよ永遠に』(二〇〇八年）で語られてもいます）。観光的なものと各地の未確認生物情報は密接に連関しながら、人々の「好奇心」に訴えかけるものになっていました。観光という「現実」の場所を違ったまなざしで見る行為は、「現実」の中に異なったリアリティを見出そうとする「オカルト」的なものと似た部分を持ちます。

旅行の増加は写真を撮るという経験を増やすものでもありました。特に観光地でクラスメートや友人たちと撮るような集合写真は、その友人の枚数分の焼き増しが行われるので、同じ写真が複数枚存在するようになります。写真なるものと人との接触が、数の上でも、質の上でも大きく変化したのが70年代という時代です。この時期にはカメラもフィルムも出荷数が大幅に増えた時期でした。この写真にまつわる経験の変化の中で、「心霊写真」ブームは起きました。現像工場の中で大量に写真が生み出される時代は、人々が所有する写真の数が増えるということを意味するわけで、そこで怪しげな〝何かが見えてしまう〟可能性も増加するわけですね。特に旅行写真は、特別な場所で特別な感覚をもって撮られるものであり、かつ、それを特別な視点で見る機会も多いわけですから、〝何かが見えて〟しまいやすい種類の写真でもあるでしょう。

このように「レジャー」化が進行する社会の中では、「未知のもの」に関連する経験が増していくことになるし、それだけに人々の「未知のもの」への感性も刺激されていきます。「オカルト・ブーム」の時代背景として、未来が不透明な時代の「不安」という要素もあったでしょうが、同時に、この「旅」に関して見られるような「好奇心」が前面化した状況というものも重要な要素であったと思います。70年代を「旅の時代」とし、それと「オカルト」的なものを結びつけてみることはおもしろいのではないかと思います。しばしば、「オカルト」的なものは「精神世界」への「旅」という比喩で語られますが、「わたし」なるものの内の気付かない「未知」なる部分と遭遇したいという欲望がそのような比喩を生み出しているのでしょう。「オカルト」とは「旅」的なものでもあるのです。

［6］うさんくささの行方

今回は、「虚構の時代」の端緒の一つとして、「オカルト」という「ポピュラーカルチャー」について見てきました。ホントかウソかわからないようなさまざまな対象が、時代感覚としての「不安」や「好奇心」と結びつきながら、新たな「メディア」状況の下で人々の積極的な参加を呼び込み、この時代特有のリアリティを形成したとまとめることができるかと思います。このようにして、「みんな」が〝いかがわしさ〟をもった文化に、半信半疑でのめり込んでいったわけですね。〝いかがわしさ〟というのは、とても〝楽しい〟ものです。

ホントかウソかわからないという「オカルト」的なものは、「現実」と微妙で独特な関係をつくりだしています。それは完全に「現実」と切断された「無＝現実」的なものではありませんが、やはり、「現実」的なものでもありません。「オカルト」は「現実」を斜めにずらしたような場所に成立するものです。今回の授業では「リアリティ」という言葉を多く使ってきましたが、それはこのような「現実」との微妙な関係を表現するためにしてきたことです。この特異な「リアリティ」の下にある感覚を、「虚構」という言葉で見てみることも可能でしょう。「オカルト」とは、「現実」を「虚構」のリアリティに変換することによって、「現実」を別様に眺めることを意味しています。すると、たとえば目の前にある将来への「不安」も、ホントかウソかわからない「予言」として半信半疑で〝楽しむ〟ことができるし、「現実」的な場所も、見たことがない生物がいるかもしれない場所として「好奇心」を向けることができるようになります。

「オカルト」の〝うさんくささ〟は「現実」との関係を変換するための大いなる力となるものです。豊かさが広がった70年代という時代の中では、人々の生活の諸条件が変貌していきました。この変貌が、いつの時代にもある怪異現象への人々の興味を、独特の〝うさんくささ〟を伴った「70年代オカルト」ブームというかたちに結晶化させたのです。

その後、「70年代オカルト」的な文化は、いくつかの波を持ちながら少しずつ沈静化していきます。一九七九年にはオカルト専門の月刊誌である『ムー』が創刊されます。この本の登場が、専門誌が登場するくらい「オカルト」が「ポピュラー」である状況が続いたことを意味するのかといえば、違うように思います。どちらかというと、専門誌ができあがるくらい〝ディープ〟なものに変貌したのではないか。「みんな」がワイワイガヤガヤするような軽薄な状況が終わり、一部、愛好家のための〝ディープ〟な「サブカルチャー」に「オカルト」が変貌したと見た方がよい気がします。「オカルト」的なものは70年代を通じて広がり、マニアたちを生み出すまでに至ったが、同時に、その頃から社会全体の「ブーム」としては静まりを見せはじめました。〝ディープ〟化の中で、「みんな」が軽々しく楽しんでいたような〝うさんくささ〟は徐々に消え始めていきます。

一九七九年にはもう一つ、象徴的な流行があります。それは夏頃から流行りはじめた口裂け女のうわさ話です。夜、外を歩いているとマスクをした若い女性が「わたし、きれい？」と声をかけてきて、それに「きれい」と答えると、「これでも？」と言ってマスクを外し、耳元まで大きく裂けた口を見せてくるという恐怖話です。古典的な怪談話を現代化したような色合いも感じますが、塾通いがはじまり、他校の生徒との付き合いをはじめるようになった子どもたちの間でこのうわさ話は爆発的に広まることとなりました。この話を「70年代オカルト」的な〝いかがわしさ〟と地続きな現象に見ることができるかもしれませんが、しかし、それとの大きな違いも存在しています。口裂け女の話は、しばしば、実は精神病院から逃げ出した女性だったとか、医療ミスや整形の失敗、交通事故などの被害者だったとか、そのような「現実」の恐怖に結びつけたオチが付けられることが多かったのです。そこで怖いのは「現実」の方です。怪異現象に思えたものが実は「現実」の暗部が原因だったという因果の付け方は、「虚構」を強く志向していた70年代的な〝うさんくささ〟とは別の方向を向いています。レトロ系ライターの初見健一は、口裂け女を「70年代オカルトブームの終焉」と結びつけ（初見 二〇二二：三〇五）、その後の「オカルト」に生じる変化の先駆けとして語っています。たしかに80年代の後半くらいから、アメリカ政府が墜落したUFOを回収しているがそれを隠しているというような、「現実」世界における「陰謀論」的な語り口がテレビの特集番組などでも前に出てくるようになりはじめます。〝うさんくささ〟は「陰謀論」的なものへと徐々に姿を変えていくことになります。

このようにして、「虚構」の時代の端緒である70年代に存在していた「オカルト」カルチャーの〝いかがわしさ〟は解体していきました。それはどこか寂しいことであるようにも感じるのですが、みなさんはどう思うでしょうか？ 「虚構」が「虚構」としての〝いかがわしい〟魅力を解き放っていた時代が70年代という時代でした。

最後にもう一つだけしておくべき話があります。それはオウム真理教についてです。みなさんもご存じでしょうが、一九九五年にオウム真理教という宗教団体が組織的に地下鉄でサリンという毒ガスを散布する事件が起きました。オウム真理教は、もともと「終末論ブーム」的な価値観に根を持ち、「陰謀論」的な世界観にまで思考が深まっていくという、完全に日本の「オカルト」カルチャーの流れと随伴した存在でした。それが無差別殺人的な所業に行き着いてしまったということは、「オカルト」を考える上で外すことはできません。社会学者の大澤真幸は『虚構の時代の果て――オウムと世界最終戦争――』（筑摩書房、一九九六年）という書籍でこの事件のことについて考察しています。「虚構」の文化はとんでもない惨劇に行きついてしまったのです。

オウム事件によって、その後、「オカルト」的なものは社会の中で強く批判の目を向けられるようになります。それは仕方のないことであると思います。あきらかに、「70年代オカルト」の〝うさんくささ〟の魅惑はオウム的なものを育んできた側面があります。ただ、他方では、オウム的なものは、「オカルト」が〝うさんくささ〟を捨て去っていく過程で「陰謀論」的に姿を変えて起きた出来事であるように感じられるところもあります。こちらは妙に生真面目になってしまった「オカルト」的世界が起こした自家中毒的な出来事であるという解釈ですね。その場合、むしろ、真偽を「みんな」がワイワイと軽薄にしゃべるような70年代的な〝うさんくささ〟こそが、自家中毒する「オカルト」の解毒剤であったように思うところが少しありもします。〝うさんくささ〟の社会的な両義性をオウム事件とともに考えてみることは必要だと思います。

おそらく、「ポピュラーカルチャー」が成立しにくい、わたしたちの生きるいまの社会は、この猥雑な〝うさんくささ〟が失われている社会であるようにも思えます。〝うさんくささ〟や〝いかがわしさ〟が持つあやうさと可能性、それぞれについて、今回話した70年代の「オカルト・ブーム」の話からみなさんが考えてくれると、うれしいです。〝いかがわしい〟ものは社会の中にあった方がよいのか、ない方がよいのか？　明確な答えはないと思いますが、よろしければ、考えてみてください。

読書案内

初見健一『ぼくらの昭和オカルト大百科』（大空ポケット文庫、二〇一二年）は、レトロ系文化を得意とする著述家による「70年代オカルト」本であるが、広範に、かつ、経験も交えながらわかりやすく、さまざまなジャンルを横断しながら、解説を行っている。基礎的な知識を得るにも、また、そこから議論を深めていくための手がかりを得るにも、最善の一冊であると思われる。

「オカルト」的な文化を学術的にまとめることはかなりむずかしいこととしてあるが、小池壮彦『心霊写真』（宝島社文庫、二〇〇五年）は、歴史的に「心霊写真」にまつわる言説を集め、そこから、その成立過程や社会的背景を探っていく本であり、「社会学」的に「オカルト」を考えていくための参考になるものだ。「真偽」とは別の次元で、事象を考えていくことは「社会学」にとって、大事なスタンスであるだろう。

「真偽」の判断がむずかしい〝いかがわしさ〟をもった70年代カルチャーにはプロレスなどの格闘技というジャンルもある。柳澤健『完本　1976年のアントニオ猪木』（文春文庫、二〇〇九年）は、ボクサー、モハメド・アリとの試合など「一九七六年にアントニオ猪木が行ったリアルファイトの三試合」を素材に、プロレスにおける「フェイク」と「リアル」の関係を考える。70年代カルチャーがもつ〝いかがわしさ〟は、「真実」とはなんなのか？を考えるのに（「ポスト真実」などと言われる現在においても）、恰好な素材であるだろう。

〝いかがわしい〟もので人々の好奇心を煽る性格は「メディア」というものの本質に限りなく近

い場所にある。柳下毅一郎『興行師たちの映画史』（青土社、二〇〇三年）は、「見世物」としての映画の歴史を描き、その〝いかがわしさ〟が持つ魅力について考えようとしたものである。それは「異質」なものを見たいという人間の好奇心についての考察でもある。

注

（1）ただし、見田が通常のその語の使用とは違う意味を込めているとはいえ、「情報化／消費化社会」という言葉を使っていることには注意が必要だろう（見田　二〇〇六：九五）。

（2）元々、五島は小説家を志望していた人物でもあり、そのフィクショナルな語り口が強い力を持って、読者に働きかけていた部分も多々ある。

（3）ただし、実際に万博内で上映された映像などを見ると、この時点で〝暗い〟未来予測のような感覚は、全体テーマに反し、すでに存在したようにも感じられる。

（4）しばしば、70年代のオイルショックの「不安感」を象徴するものとして語られるトイレットペーパーの不足であるが、中野収はこのパニックもまた、「劇場社会の文脈に」のり、楽しまれた騒動であったという解釈を行っている（中野　一九九七：一二三）。

（5）初見健一『昭和ちびっ子未来画報』は50年代から70年代までの少年雑誌の「未来予想」をまとめた本だが、六八年頃から急激に「終末」的な図が増えていることが確認できる。

（6）『恐怖新聞』は真夜中に突然ある少年のもとに、未来予知的な内容が書かれた恐怖新聞が届くという物語だが、その出来事の内容は、白の頁（霊の世界）、赤の頁（怪奇の世界）、青の頁（宇宙の世界）、黒の頁（伝説の世界）、紫の頁（悪魔の世界）とされている。

（7）　つのだが「心霊」的なものに興味を見たきっかけも、ＵＦＯを目撃したことにあると語られている。

第8回

「私たちの歌」と「みんなの歌」
――フォーク・ソングの変遷――

[1]「やさしさ」の時代

前回は見田宗介が指摘した、「虚構の時代」の基礎感覚としての「終末論」的なものを扱いました。「70年代オカルトブーム」を見ながら、「現実」の中に、それとは別の「リアリティ」をつくりだそうとする志向性がどのようなものであるのか、について考えるというのが主な内容でした。見田は、「虚構の時代」の基調音として「終末論」以外にもう一つ、「やさしさ」というキーワードをあげています。そこで今回の授業はこの70年代的な「やさしさ」というものについて考えてみましょう。その際に切り口にしたいのは「フォーク・ソング」という音楽ジャンルの変遷です。

「やさしさ」が時代意識をあらわすキーワードであるという語り口に違和感を覚える人がいるかも

しれません。「やさしさ」なんて、いつの時代だってあるじゃないか、と。それに対して、政治社会学をメインワークとしていた栗原彬の次の言葉を紹介してみます。

だが、やさしさはくっきりと歴史的な共同の形成物だ。やさしい人や、やさしい性格はいつの時代にもあったかもしれないが、それが対抗価値として時代を切り裂き、生き方として特定の社会的セクション——とりわけ青年——に共有されたのは一九七〇年前後からなのだ。（栗原　一九九四：一三）

「やさしさ」という感覚が強い社会的意味を持つようになったのは一九七〇年前後からであると、栗原は語っています。若者の主要な価値観が「やさしさ」に置かれるようになり、それとともに、社会全般にも「やさしさ」という感覚が広まっていくという変化がこの頃に起きたわけです。

人々が「やさしく」なった、それはよいことだと思う人も多いはずです。ただ、「やさしさ」というのは両義的です。たしかに人を傷つけることは減るかもしれない。でも、同時に人を傷つけないということは、人に強く介入しないということも意味します。栗原は「やさしさ」を論じるに辺り、女子学生の「私は自分が情熱的になることが嫌いで自己抑制します」（栗原　一九九四：一七一）という自己分析を紹介していますが、「やさしさ」とは、優柔不断さや受動的な性格を意味することもあります。〝それが「本当のやさしさ」なのか？〟とか、〝「本当のやさしさ」とは人に厳しくしてあげることなのではないか？〟みたいなことを思う人もいるかもしれません。ですが、〝それは「本当のロック」とはなにか？〟という問いと同じような信仰論争に突入することなので、その判断はいまは停止しておきましょう。とりあえず、いま言えることは「やさしさ」という言葉が70年代という時代の中で社会的に大きな意味を持つようになったという事実です。

そして、政治社会学者としての栗原は、この「やさしさ」という社会的感覚の強まりと、70年代半ばに「抵抗」や「変革」といったイメージが減じていくことの関係について関心を向けます（栗原 一九九四：一六六、一六七）。この時期、現に保守政権の存続を望む声も強まっていました。「金や名誉を考えずに自分の趣味にあった暮らしをする」ことを望む若者が増えていましたが、同時に「社会」というものに対して「混乱」、「冷たい」、「暗い」と否定的に見る声が広まっているという調査結果もあります。これを栗原は「今日の青年たちの、社会への距離化、見切り」と分析します（栗原 一九九四：一六七）。70年代半ばの「やさしい」若者たちは、「社会」という暗い場所を離れ、友人や家庭、趣味といった身近なものを重要視するようになっていました。ここでは主に青年の話がされていますが、社会全体の「みんな」もこのような傾向性を強めていったように思われます。

「やさしさ」は誰かを助けたり、「社会」を変革したりするための推進力になるものでもありますが、同時に、自分の身近な世界に目を向け〝変わらない〟世界を望む感性を用意するものでもあります。豊かな社会に適合的な「やさしさ」という感性は、どちらかといえば、後者の「保守」的な形態へと姿をとるようになっていきました。この話を聞いて、いま使われる「草食系」という言葉を連想する人もいるかもしれませんね。このようにいまに通じる感覚を持つことからも、70年代に強い意味を持つようになった「やさしさ」という価値感覚は、その後の時代の基調を成していることがわかるかと思います。

栗原は、「やさしさのゆくえ」という文章の末尾で、この「やさしさ」の内実を分析するために、庄司薫や三田誠広、村上龍の小説と岡林信康や井上陽水の「フォーク・ソング」といったものを考察対象としています（栗原　一九九四：一七二－一七九）。そこでは、三田の小説における若者の受け身化や岡林の歌詞の「私」化が分析され、社会から距離化していく傾向が確認されています[1]、その後の栗原の仕事の中では、吉本ばななななどを加えたかたちでの小説分析の方がさらに展開されていくことになるのですが（栗原　一九九六：二九九）、今回の授業では「フォーク・ソング」の方にもう少し細かく着目して、考えていきたいと思います。60年代から70年代に至る「フォーク」の変貌を見ると、その後の「やさしさ」という価値観が浮上することの意味が見えてくると考えたからです。

［2］お坊ちゃんたちの音楽

「フォーク・ソング」という言葉を聞くと、たとえば、かぐや姫の『神田川』に代表される「四畳半フォーク」と呼ばれる、叙情的でどこか貧乏くささを伴った音楽をイメージする人が多いかと思います（すでにそういうイメージ自体も過去の遺物かもしれませんが）。ですが、「フォーク」と呼ばれる音楽は、その変遷を見ると多様な意味を伴って使われてきました。まず、その日本における導入期を見てみましょう。

Folk Musicとはそもそも、英語圏における民謡のような音楽を指す言葉です。アメリカでは30年代から40年代くらいに、これら、民衆の間に広く親しまれていた民謡が再評価されるようになり、それらの歌を自分なりに編曲して歌う歌い手たちが現れました。特にそこで好まれたのは、労働者たちが自分たちの生活について皮肉を込めて歌うような労働歌でした。民衆が自分たちの言葉でつくってきた音楽です。

ここから、現代フォークの流れがはじまります。この現代フォークは、50年代から60年代にかけて、アメリカの公民権運動や反戦運動と共振するかたちで影響力を持つようになります。手軽に演奏でき、また、メロディが素朴であることは人々の参加しやすさという長所に結びつきますし、労働歌という伝統はメッセージ性をこめやすいスタイルでもあります。単に既存の楽曲を歌うだけでなく、それらの影響を自分なりに咀嚼してつくられた新しい曲も登場し、社会に対抗する力を持ったプロテスト・ソングとしてアメリカではフォークは流行していきます。二〇一六年にノーベル文学賞を受賞したミュージシャン、ボブ・ディランなどもこの流れの中に存在していた人物です。

アメリカで生まれた「フォーク・ソング」運動は、60年代半ばに日本にも徐々に輸入されはじめます。ただ、ここでちょっとした意味合いの変化が起きます。日本では、当時、「アイビー・ルック」などと呼ばれるアメリカで流行したファッションスタイルが、輸入され流行していました。そして、「フォーク・ソング」もこのようなアメリカの流行現象の一つとして理解され、輸入されたのです。プロテスト・ソングという要素はその中で薄れてきて、ファッション的な要素が強まります。社会に抗議する音楽というよりも、最先端を知っているオシャレな人たちのアイテムとして受容されたわけです。東京という場所で一部の学生たちに愛好された都市文化として存在していました。

こうした流れの中で、一九六六年にはマイク真木の『バラが咲いた』という「フォーク調」のヒット曲が登場します。このレコードの帯には「日本のモダンフォークがうまれた!」と書かれており、この曲のヒットをきっかけに日本の音楽界に「フォーク・ソング」ブームが訪れたと言われています。ただ、実はこの曲は、それまで歌謡曲をつくってきた浜口庫之助という専門作家によってつくられたものであり、民衆歌でもなければ歌い手が自分でつくった歌でもありません。その意味では「フォーク調歌謡曲」といったところが今の視点から見れば正しいかもしれません。それでも、この後、ブロード・サイド・フォーの『若者たち』や森山良子の『この広い野原いっぱい』や『今日の日はさようなら』といったヒット曲も出て、都心のオシャレな大学生たちが愛好するアイテムとして、「フォーク」は流行していきます。このようなオシャレで裕福な大学生たちのイメージを伴って、これらの音楽は「キャンパス・フォーク」や「カレッジフォーク」と呼ばれていきます。

このように日本の最初期の「フォーク」は、「四畳半フォーク」の如き、貧乏くさいイメージでなく、むしろ、裕福な一部お坊ちゃん・お嬢ちゃんの音楽というイメージがもたれていました。「フォーク」という音楽は、当時のアメリカ文化へのあこがれも含め、多くの人々から、輝きをもって感じられながらも、どこか遠い存在でもあったことでしょう。

ただ、これは仕方がない部分でもあります。まだ日本では、ポピュラー音楽文化は未成熟なものであり、楽器を持ち、それを練習する場所を持ち、かつ、海外の音楽の最新情報を仕入れることができる立場にあるためには、一定以上の、経済的な裕福さが必要な時代でありました。音楽文化が社会全般に広がっていくのには、まだ、いま少しの時間が必要でした。この段階では、音楽がお坊ちゃん・お嬢ちゃんの文化であったのは仕方がないことでしょう。ネットなどを通じて、タダで楽曲も情報も得られる時代とは違います。

「ロック・ミュージック」についても同じことが言えます。まだ「ロック」がそこまで普及していなかった60年代後半に、先駆的にバンド活動をしていた学生サークルのメンバーにインタビューをした『TOKYO ROCK BEGINNGS』という本があります。ここでインタビューの対象になっているのは「慶應風林火山」と「立教大学ＳＣＡＰ」という、後に日本を代表するミュージシャンを排出したサークルのＯＢたちなのですが、その記述にはおどろくところがあります。そこで組まれたバンドについて、メンバー自ら「超お坊ちゃんバンド」（君塚　二〇一六：一六）と呼ぶように、彼らの家族や親戚として財界や財閥、政治家、文化人の名前がバンバンと出てきます。この本で語られるお金持ちエピソードはいまの視点から見るとかなりビックリするところがあります。そして、その中には、自分たちがやっていたことは「アメリカン・カルチャーではあったけれど、カウンターカルチャーではない」（君塚　二〇一六：八三-八四）という言葉を見ることもできます。しばしば、「ロック・ミュージック」は反抗・対抗的な文化とみなされるかと思いますが、最初期の日本の「ロック」カルチャーを牽引した人々は、むしろ、自信を持って、その〝カッコ良さ〟の部分のみを受容したことを語っています。ここには、ある種の文化牽引者としての自負を見ることもできるでしょう。

90年代の「音楽バブル」について語ったときに、音楽文化を支えるものとしてのお金の話をしました。音楽カルチャーの輸入最初期にも、それとは異なった意味でお金の話が登場してきます。文化とお金の話はいささか厄介な部分を持つ話でもありますが、インターネット経由で「タダ」で文化が享受できるかのように感じられもする現在、文化とお金の関係はもう一度、みなさんに考えてみて欲しいところでもあります。

［3］「私たち」と「政治」を歌うこと

「フォーク」は最初期、アメリカの文脈とは異なり、政治的文脈が切り落とされて、ある種の「ファッション・アイテム」のようなかたちで日本では導入されてきました。豊かな階層による、豊かな階層の「サブカルチャー」とでもいったところでしょうか。ただ、その中で徐々に別の動きが関西から出はじめます。「関西フォーク」は、自分たちの言葉で社会的なことを歌うというプロテスト・ソング的要素を強くもっています。

この「関西フォーク」の動きを生み出した人物として高石友也（後にともや）の名前がしばしばあげられます。一九四一年生まれの高石は、一九六八年に三枚目のレコード『受験生ブルース』という受験生の苦闘をコミカルに歌った曲で(2)、深夜にラジオを聞きながら勉強する若者たちの共感を呼び、名前を広く知られるようになりました。元々、高石は大学生時代に学費を稼ぐために、日本全国でスキー場や飯場で働いたり、屋台のラーメン屋をしたりしており、その中で出会った工事人夫に唄とギターを教わり、その楽しさに気付いたと語られています。そして、自分でギターを買い、一九六六年頃から大阪で活動開始、労働組合や学校、反戦集会などで歌い、レコードデビューに至ります。

高石の初期の活動はアメリカの政治的なフォークを日本語に訳して歌うというものでした。高石の訳詞の特徴は、元の詩を省略せずに訳したところにあります。英語と日本語は音節の構造が違うために、そのまま歌詞の内容全体を同じメロディに乗せ訳すことはとても困難です。一音節がはっきりとした日本語に乗せるためには、訳詞は省略したり、意訳したり、まったく別の内容にしたりし、全体を短くすることが通常行われます。それに対して、高石は「ひとつの音符に三つも四つも言葉を乗せて」（高石　二〇〇八：一四四）、省略をせずに訳詞をつくることをしました。基本的にプロは、メロディの中にきれいにおさまるように歌詞の言葉を書きます。ですが、高石は、「すごい早口」で「たくさんのことが歌える」（高石　二〇〇八：一四四）方法を選びました。それは洗練とはほど遠いものですが、当時としてはとてもインパクトがあるものでした。そのメロディと言葉の間のバランスの悪さは、プロの洗練された音楽からはこぼれ落ちてしまう歌い手の人間性を感じさせるものでした。メロディからあふれるような言葉で歌われた政治的な音楽は、若者たちの心を揺さぶります。お坊ちゃん的に洗練されたかたちであった「東京」のフォーク受容に対して、「関西」における高石友也の粗削りな方法は、違ったかたちでのアメリカのフォーク・カルチャーの受容の仕方を生み出しました。

高石の音楽を聴き、多くの若者たちがフォーク・ソングを歌うようになりましたが、その内の一人に、後に「フォークの神様」と呼ばれる岡林信康がいました。一九四六年に牧師の家庭に生まれ、同志社大学の神学部で学生生活を送っていた岡林は、その頃に信仰の問題に悩みを持ち、実際に社会の生々しい現実を目にしようと、東京で日雇い労働者が集まるドヤ街、山谷を訪れ、そこでショックを受けます。そんな中、一九六七年に高石友也の歌に出会い、感動し、独学でギターをはじめました。ただ、岡林が高石に対して持った感動は、その〝上手さ〟ではなく、むしろ、〝ヘタさ〟に向けられたものでした。それまで「作詞とか作曲なんて、そんなことは専門の教育を受けた人以外やってはいかんと思ってた」が、高石の〝ヘタさ〟に「こんなのありかって」惹かれて、「じゃあ俺もつくって歌おうって、ギターなんかいじったことないのに思った」（岡林　二〇一〇：一二）とのことです。高石の洗練とは別の方向に向かった〝熱い〟表現が、岡林の中に音楽への衝動を伝播させました。(3) そして、その後、岡林は一九六七年十一月、「高石友也反戦フォーク集会」に飛び入り出演し、喝采を受け、翌年、「山谷ブルース／友よ」でレコードデビューします。

岡林の作風は、高石以上に政治的・社会的な問題を生々しいかたちで扱ったものでした。日雇い労働、被差別部落、天皇制、性文化、国家権力、このような問題を直接歌にし、「プロテスト・フォーク」という流れを生み出します。岡林のこのような創作姿勢は、当時、隆盛の中にあった学生運動や社会運動と対応するものでもあります。既成の職業音楽家の力を借り美辞麗句を整然と歌うのではなく（それは既存の芸能界の中に身を置くというような解釈もされました）、自分の言葉で自分が掴み取った生々しい社会問題を語るという態度は、若者たちが学生運動を通じて社会に疑問を投げかける態度と共振するものでした。一九六九年には、インディ・レーベルの先駆けとも言える「アングラ・レコード・クラブ（通称：URC）」に所属し、既存の音楽流通の世界では出すことのできないような楽曲を販売

図8−1　岡林信康による1968年8月，山谷玉姫公園での演奏

出所）『岡林信康読本』音楽出版社，2000年，p. 71．撮影，川仁忍．

することもはじめました。牧師の息子という来歴やドヤ街での経験、髭面や薄汚い格好など含め、キリストとも重ね合わせられるようなイメージを伴って、岡林は強烈なカリスマ性を獲得し、「フォークの神様」と呼ばれるようになりました（図8−1）。

特に、岡林の『私たちの望むものは』や、『友よ』などの楽曲は、若者たちの運動的なリアリティと合致し、彼個人の存在を越えたかたちで歌われる歌になっていきました。一九六九年初頭から、新宿西口の地下広場に毎週土曜日に若者が集い、ギターで「フォーク・ソング」を歌う新宿フォークゲリラという活動が自然発生的に始まっています。ここでは、徐々にガリ版刷りの歌詞カードが配布され、みなが「フォーク」を合唱するようになっていくのですが、そこで歌われていたのは岡林の『友よ』や高田渡の『自衛隊に入ろう』（これは自衛隊を皮肉った歌ですが、自衛隊もカンチガイして宣伝ソングとして使用したとも言われています）、もしくは高石の『受験生ブルース』の替え歌『機動隊ブルース』などでした。「フォーク・ソング」を通じて声を合わせることで、当時の政治青年たちは「私たち」という集合的な主体を組み立てていきました（図8−2）。最盛期には三〇〇〇人とも五〇〇〇人とも言われる規模まで膨れあがったフォークゲリラでしたが、徐々に機動隊の介入などが起こり、七月には警察によって禁止されることで沈静化してしまいました。ただ、それでも、同年の八月には、日本発の大規模な野外コンサートである「全日本フォークジャンボリー」が岐阜県の中津川で開かれるように（これもまた、フジロックのような野外フェスの元祖のようなものでしょう）、「社会派フォーク」的な文化は広がっていきます。六九年の第一回は参加者二〜三〇〇〇人、翌年の第二回は八〇〇〇人弱、七一年の第三回は二万人超と「フォーク」カルチャーが人々に広がっていく過程をここに見ることができます。

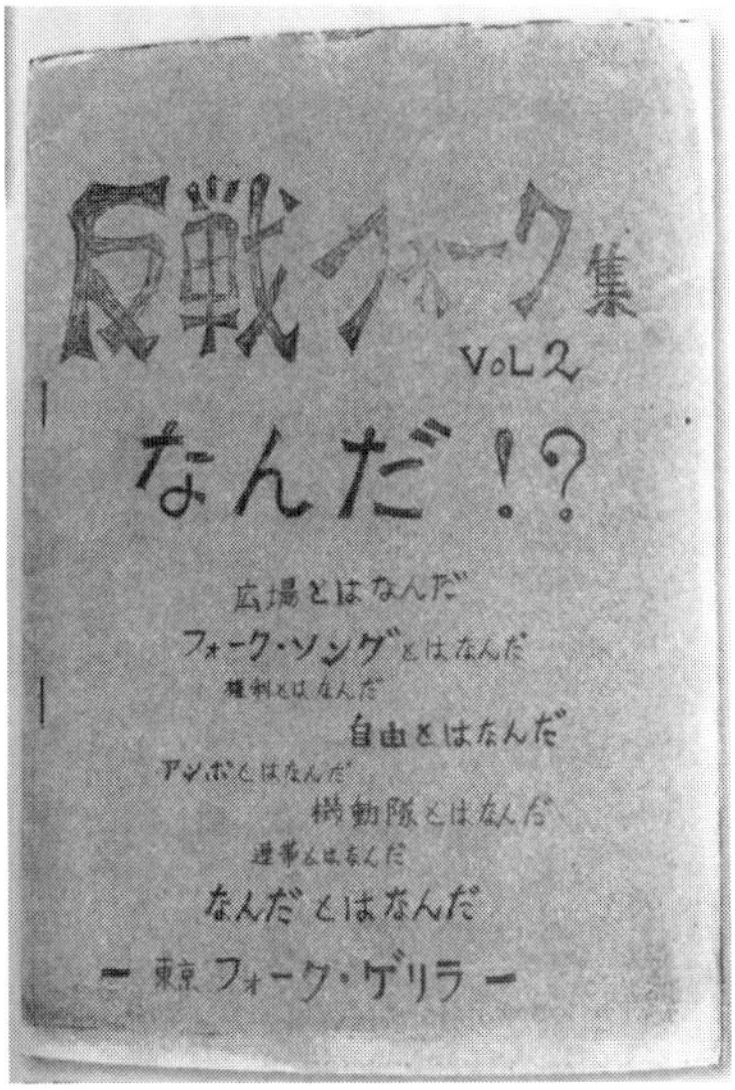

図8－2　反戦フォーク歌集

出所）大木，鈴木編（2014：63）．

このようにして、社会に違和を感じる若者たちに「私たち」という共通の感覚を用意しうる、新しい「フォーク・ソング」の波が登場するようになりました。ここにあるのは都会の若者的な洗練とはまったく違ったかたちで「サブカルチャー」となった「フォーク」の姿です。より〝激しく熱い〟「カウンターカルチャー」としての性格が強まっていきます。「フォーク」は時代

の変化の中で社会に違和感を持ち、それを表明するようになった若者たちの存在とパラレルなものになったのです。(4)

［4］「フォークの神様」の人間宣言

ただ、一つ確認しておく必要があることは、実はこの若者たちの「政治運動」的な「フォーク」の受容と、当の「フォーク・ミュージシャン」の気分の間には微妙なズレが存在していたということです。たとえば、先の新宿フォークゲリラについて、実は多くの「フォーク・ミュージシャン」はそこに距離感を感じていたと言われています。岡林信康などもその場を訪れて歌うということはしていません。フォークゲリラで人気であった『自衛隊に入ろう』を歌っていた高田渡に至っては、『東京フォーク・ゲリラの諸君達を語る』という歌を歌っています。そこではフォークゲリラの参加者への皮肉が歌われています。ミュージシャンたちは、自分たちの歌が、若者たちの運動に〝使われていた〟ことを手放しに喜んではいません。むしろ、さまざまな証言を読む限り、どちらかというと、当時はまだ数少なかった大学生たちの恵まれた境遇込みで、学生運動を行う若者たちの行動に批判的であった感触すら受けるところがあります。以下では、「フォーク」の広まりとともに目に見えはじめた、ミュージシャンと若者たちの間の距離感について、検証してみましょう。

特にこの距離の問題を大きく背負うことになったのは、「フォークの神様」として神格化されていた岡林信康です。リスナーたちが「神様」に期待し、投影するものが大きいだけに、一人歩きするようになったそのイメージと岡林という個人の間のギャップはきわめて大きいものになっていきます。後に岡林は当時のことを「僕の対人恐怖症は頂点に達しようとしていた。フォークの神様というレッテルが重くのしかかり、誰かに監視されているような重圧感を絶えず感じ、人に会うことを異常に恐れるようになってしまっていた」(岡林　一九九一：四四)と語っています。岡林は一九六九年くらいから、幾度か失踪や蒸発をくりかえしています。この頃は、労音(勤労者音楽協議会)という労働運動系の団体が音楽コンサートを主催することが多かったのですが、ここでは基本的にコンサートの終演後、その音楽の意義についての討論会をそこの人々と行うということになっていました。コンサートが終わって疲れ果てた後に、さらに討論が待っているわけですね。そのキツさを岡林はふり返って語ってもいます。(5)たとえば、ラブソングを歌ったり、新しいロック・ミュージックの流れに興味を示したりすることにも疑問が向けられることがあったそうです。「音楽的に変化しているということが許せない」(岡林　二〇一〇：二七)という周囲の反応は岡林を苦しめていきました。どんどんと周囲のイメージが肥大化していて、それが本人を追いつめていってしまいます。(6)

六九年の『わたしを断罪せよ』、七〇年の『見るまえに跳べ』に続いて、七一年に発表された三枚目の岡林のアルバムのタイトルは『俺らいちぬけた』です。この頃に、岡林は田舎暮らしを決意し、都会を離れます。ここにあるのは、「神様」であることから「いちぬけ」ようとする態度です（また、このアルバムの最後の曲のタイトルは「申し訳ないが気分がいい」となっています）。岡林の歌は、若者たちの時代のシンボルとなりましたが、その過程で、岡林による「私の歌」は、他人たちの「私たちの歌」にすり替わってしまっていました。ある個人が〝時代を背負う〟ことの中には、このような悲劇が待っています。岡林はさまざまな試行錯誤の中で、リスナーたちが求める自己イメージを拒否する選択を行いました。(7) それは、「私たち」という〝熱い〟集団性の中で潰されかかっている「私」をなんとか取り戻そうとすることを意味しています。

ただし、実は、この「私」へのこだわりは岡林の中でこの時点で登場したものではありません。先ほど紹介した、社会運動の文脈の中で歌われることが多かった『私たちの望むものは』という曲の中にもすでに、私でありつづけることを望む、という趣旨の歌詞があります。実はこの歌詞は、冒頭で紹介した栗原彬が「私たち」が「私」へと解体し、個化していく様を分析するために使ったものでもあるのですが、「いちぬけ」る前から、すでに岡林の中には「私たち」よりも「私」をこそ、尊重したいという態度が存在していたのです。その意味では、七一年の岡林の態度は大きく変化したわけではなく、この「私」の側面を強く表に出すようにしただけであるとも言えるでしょう。

この七一年に岡林は自身の来歴を総括すべく、封印していた過去曲を含め、これまで自分がつくった曲を全曲、つくった順番で演奏するというコンサートを開催しています（これは『自作自演コンサート狂い咲き』というアルバムになっています）。その中で、初期の「私たち」性の強い曲については「お互いに恥ずかしい思い出がありますねぇ」などとおちゃらけを交え紹介し、歌っています。特に『友よ』という歌については、「まあ、これは僕がつくった歌ですけど、今、誰が歌うてても、僕の歌ではあるし……。妙なことですね、これは」という自身のとまどいを付け足しています。ここにも、やはり、自分の歌が大きな力を持ってしまったことに対する複雑な感慨を見ることができます。

ただ、ここで興味深いのは、観客たちの反応です。岡林の照れに呼応するかのように、岡林が「♪友よ」と歌い出した瞬間に客席からも笑いが漏れています。岡林が〝熱い〟「私たち」の時代にとまどいを見せたように、観客たちにとっても、たった二年前の〝熱い〟共同性は恥ずかしいものになっているわけです（ただし、「山谷ブルース」や「手紙」といった具体的な社会問題を素材に歌った曲に関してはこのような笑いは起きていません）。そういう意味では、「私たち」を拒否し、「私」を選択するというこの時期の岡林の態度は、実は、若者たちの意識とこれまた共振するものであると言えるかもしれません。岡林がほんのちょっと前の〝熱い〟時代に距離を感じていたように、それを聴く「私たち」であったリスナーたちもまた、その加熱されていた「私たち」の過去の姿にとまどい、そこに距離を取ろうとしていたようにも思えます。「私たち」や、そこに含まれた〝熱さ〟から離脱するという傾向は時代意識それ自体の中に含まれていたものであったでしょう。

[5]「私の歌」という「みんなの歌」

このように学生運動が盛んであった六八年頃にはじまった「関西フォーク」の流れは、その後、人気を増しながらも、七一年頃に、その内に軋みを見せるようになってきます。この軋みがかなり明確に目に見えるのが、前年の二〜三倍近く観客を集めることになった第三回フォークジャンボリーの内実です。規模が大きくなってはいますが、この第三回フォークジャンボリーの膨張は、アメリカでの大規模ロックフェスティバル「ウッドストック・フェスティバル」の日本での紹介や、幾度か、この授業でも話題に出した70年代の旅行ブームの余波など外在的な要因を受けたものでもあり、自然に「フォーク・ブーム」の内側から起きただけのものでもありません。元々、手作り的な味わいで育ってきたフォークジャンボリーにはこの急成長を受け止める素地がなく、人々が溢れかえった会場では、疲労や不眠、空腹でとても殺気だった空気が流れていたとも言われています。

この観客たちの不満は主催者の「商業主義」的姿勢に向けられ、さらに出演者たちへの不満にも結びつくようになり、ステージに向けて「帰れ！」とヤジが飛ばされるようになっていきます。二日目の夜には、メインステージでライブを行おうとしたアングラ風のジャズ・シンガー安田南のステージに対して、ジャンルの相違もあり、激しい「帰れ！」コールが起きました。そして、そのまま、暴徒と化した一部観客によるステージ占拠が行われ、観客によるフォークジャンボリーの意義を問う討論会のようなものが行われるという出来事がありました。その討論会にも「帰れ！」というヤジが飛ばされる、そんな混乱状態のまま、翌日の朝まで討論会が続けられたそうです(8)。この翌年からフォークジャンボリーは開催されなくなりました。

フォークジャンボリーの膨張、そしてその中で起きた混乱は「カウンターカルチャー」としての「フォーク」の衰退を意味するものでしょう。「岡林的なフォークの時代」は終わりつつありました。ただ、そのことは即、「フォークの終焉」を意味するものではありません。「フォーク」はまた別の意味を帯びて、存在し続けます。この「フォーク」にこめられた意味の変化を象徴するのが、第三回フォークジャンボリーにおける吉田拓郎の台頭です。この第三回フォークジャンボリーは、「岡林の時代」から「拓郎の時代」への移行を象徴するものとして語られます。

吉田拓郎は一九四六年生まれ、一つ下の世代と考えられがちですが、実は岡林信康と同じ年に生まれています。彼は元々、広島フォーク村という集団の中で60年代後半から活動していました。『イメージの詩』や『青春の詩』といった、青春時代に共通する問題を飾り気のない言葉で歌うような曲で広島で人気があったそうです。そこで歌われていたのは、「関西フォーク」のような政治的な言葉とは別の、若者の「私性」に対して、共感を訴えかけるような言葉でした。七〇年にエレックレコードというフォーク系のレーベルに声をかけられ上京、プロとしての活動を開始します。この頃のレコードジャケットなどを見ると、歌詞やもしくは彼自身による解説が細かい文字で書かれていて、吉田が自分の言葉で青春を語る姿勢が強調されています。これまでのフォーク歌手のイメージと違ったルックスの甘さややんちゃなキャラクター性などもあり、女性ファンをどんどん獲得していったそうです。そこにはアイドル的受容に近い側面も存在していました（『東京ラブストーリー』を描いたマンガ家柴門ふみは、中学生の頃「吉田拓郎に恋をしていました」と語っています（柴門 二〇一一：七五））。当時の「フォーク」界隈の中では、どちらかというと、この吉田の青春を語る歌詞とアイドル的受容のされ方は軟弱なものとして評価されていました。「社会」や「政治」というハードなものを避けた存在としてとらえられていたわけです。当時のフォーク・コンサートの中で吉田が登場すると、他のミュージシャンを聴きに来ている客から「帰れ！」コールが起きていたそうです（なぎら 一九九九：一六八）。一方では、吉田の側もこのような評価を受けてか、「関西フォーク」的なものへの反発を感じていました。『青春の詩』の中には、フォーク・ソングの反戦歌へのシニカルな一節もあります。

第三回フォークジャンボリーには、メインステージよりも小さなサブステージがあり、二日目の夕方に吉田が演奏したのはそちらの方でした。どこか殺気だったメイン会場よりも気楽な会場であり、吉田は自分の演奏前には客席からふざけて他のミュージシャンに対してヤジを飛ばしていたようです（録音を聴くと、高田渡が演奏中にMCで「吉田拓郎、ちょっとうるせぇぞ」などと言っています）。ですが、吉田が自身の演奏のためにステージに上がると、その時に、音響機器が故障し、音が出なくなってしまいます。その異変に客は騒ぎだし、不穏な状態が訪れます。その中で、吉田が「マイクを入れろ！」と叫ぶと、客席もまた、「マイクを入れろ！」のシュプレヒコールがはじまりました。ですが、音響機器は復旧せず、仕方なしに、吉田は怒号に合わせ生音で自身の『人間なんて』を歌い始めます。その「♪人間なんて」という叫び声は、客席も巻き込み、一時間半近く、続くことになりました。そのことにより、混乱は興奮に変化します。途中、ミュージシャン仲間である小室等が「メインに負けるな」、「メインをぶっ飛ばせ」などと煽ることで、ステージ上も客席側も体力の限界まで歌い続けたと言われています。先もお話したように、メインステージの方がステージ占拠などのかたちでグデグデしたかたちで終わったのに対して、この迫力ある吉田拓郎のステージは「伝説の拓郎サブステージ事件」などと呼ばれるようになります。最後のフォークジャンボリーは、「フォーク」における「拓郎の時代」という世代交代を印象づけました。

ここで起きたことは、軟弱とも言われていた吉田拓郎の「私」的な「青春フォーク」が、「社会」や「政治」を語るこれまでの「プロテスト・フォーク」を〝熱意〟でもって凌駕したという事態です。実際のところ、前節で見たように、岡林たちの「プロテスト・フォーク」自体も、すでに「政治」的な歌から「私」的な歌への撤退をはじめていましたが、このフォークジャンボリーにおける吉田の〝勝利〟は、この撤退を後押しするものでした。「私たち」のことを歌うのではなく、「私」自身の心情や日常を歌うということ、そのことが〝熱さ〟を持つようになっていました。「みんな」が

「私たち」ではなく、「私」を求めるようになった時代が目に見えるようになってきたのです。そんな時代の「みんなの歌」とは「私たちの歌」のことではなく、「私の歌」のことになったのです。吉田拓郎は、「社会」を歌わないことで、むしろ、「時代」と共振した存在でした。

この後、吉田は自身の結婚直前である七二年に『結婚しようよ』をシングルとして発表します。この曲は歌謡曲ばかりが並んでいた音楽チャートの中を席巻し、当時としては破格の五十万枚という大ヒットを記録します。「私の幸せ」を〝明るく〟歌うこと、このようなかたちに変化することで「フォークミュージック」は「サブカルチャー」や「カウンターカルチャー」であることをやめ、「ポピュラーカルチャー」となっていきました。

［6］「やさしさ」に包まれたなら

吉田拓郎は『結婚しようよ』の次のシングル『旅の宿』でオリコン一位を獲得し、安定した人気を見せるようになります。(9) テレビの出演を拒否するような独自の姿勢を貫く部分も含め、拓郎の「私らしさ」の貫徹は人々の共感を呼んでいきます。この時期に、音楽の世界では「ニューミュージック」という新しい言葉が登場しました。この言葉もまた多くのジャンル名と同じように多義的な使われ方をしており、簡単に定義しがたいものではあるのですが、「フォーク・ソング」の流れにロックやポップス的な要素も取り入れ、従来の歌謡曲とは別のかたちで登場した若者向けの「ポピュラー音楽」とでもいったところでしょうか。吉田拓郎の『結婚しようよ』をこの起源とする説も根強いです。

「フォーク」から独立分化し、吉田拓郎的な音楽は新しい流れを生み出すようになりました。そこでは、「社会」や「政治」、そして、それを語ることによって成立していた「私たち」という共同性は脱色されていきます。皮肉にも社会に違和感を持つ「私たち」という対抗的な共同性が洗い流されることを通じて、「私生活」を重視する社会の「みんな」という感覚に、音楽は合流していきます。新しい「みんな」の感覚の中にはそんな「私たち」という感覚は邪魔なものだったのです。「フォーク」という「私たち」の「カウンターカルチャー」は、吉田拓郎を結節点として、「ニューミュージック」という「ポピュラーカルチャー」へと姿を変えたのでした。

この新しい音楽の流れの中で、過去に一度、アンドレカンドレという名前でデビューしていた井上陽水の音楽が人気を得ていきます。七三年に『氷の世界』というレコードが日本最初のミリオンヒット・アルバムとなりますが、七二年の再デビュー作『断絶』の時点ですでに井上の楽曲はかなりの話題となってもいました。特に注目されたのは『傘がない』という曲です。この曲では、テレビや新聞では社会的な問題が語られているが、それよりもずっと大事なことは目の前の「君」との関係（それを象徴するのが「今日の雨」と「傘がない」ことでしょう）であるということが歌われています。七三年の

『夢の中へ』は、タイトルの通り、「夢の中へ」と誘いかける曲です。井上陽水の曲は、「私」を語る吉田拓郎的な音楽よりも、さらに「社会」や「政治」との「断絶」を強調した曲でした。独自の「内省的」な表現が存在する井上の音楽が、「ポピュラー」なものになっていく時代が訪れたのです。本格的な「個の時代」の到来です。

こうして音楽が「社会」や「政治」、そして「現実」から距離を置き、「私」の世界や「私と君」の世界を描こうとする傾向が強まる状況の下で、「やさしさ」という感覚が音楽の世界の中で強く歌われるようになってきます。最後に、この「やさしさ」が強く描かれた二つの音楽の潮流を見ることで、今回の授業を閉じていきたいと思います。

一つは七二〜三年頃から目に見えるようになる「叙情派フォーク」という流れです。授業の冒頭でも話題に出したかぐや姫の『神田川』などに代表される、青春期や自分の故郷の思い出の風景を叙情的に歌い上げるような音楽ですね。後に別のかたちで発表されることにもなるかぐや姫の『22歳の別れ』や『なごり雪』(ともに七四年)、ガロの『学生街の喫茶店』(七二年)、さだまさしなどもこの流れに入れて良いかと思います。「フォーク」がロックやポップスの要素を入れ「ニューミュージック」として再編成されていく中で、「フォーク」に残されたものは、アコースティック・ギターをひっそりと爪弾くような〝素朴さ〟の感覚でした。〝素朴さ〟とは「やさしさ」でもあります。

この「フォーク」の〝素朴さ〟の中で、「対抗文化」として〝熱さ〟は脱色され、過去の青春

（たった数年前ですが）を回顧するような語り口の中に回収されていきます。『学生街の喫茶店』ではボブ・ディランの歌を懐しむ一節があります。このように、「フォーク」は過去の「思い出」を語る音楽となり、さらに和風の叙情的要素が故郷のイメージとともに付け足されてもいきます（これは70年代の「ディスカバー・ジャパン」的な文化と相性のよいものでもあったでしょう）。その結果、「叙情フォーク」の中で強く描かれるものは、「思い出」の中での「私」と「君」の間の〝すれちがい〟の感覚となっていきます。個になった「私」と「君」の「やさしい」関係です。

もう一つ、この時期に登場した大きな流れとして「ユーミン」的な音楽があります。七二年にデビュー、七三年にアルバム『ひこうき雲』を出したユーミンこと荒井由美（後の松任谷由実）の音楽は、これまでの「フォーク」的な音楽がギターを中心に曲をつくってきたのに対し、キーボードによる浮遊感のあるコード感覚を特徴に持つものです。その新しいタイプの楽曲の上に、都会的なセンスがあふれる歌詞世界が描かれます。生活感の強い「フォーク」を「四畳半フォーク」と呼んだのは自分であると語るように（松任谷　一九八四：九）、「叙情派フォーク」の〝素朴さ〟とは差異化されるような洗練がそこにはありました。「名前しか知ら」ず、「興味なかった」にもかかわらず、「女拓郎とかいわれるようになって」、「拓郎やかぐや姫なんかと私はちがう」（松任谷　一九八四：一〇）という気持ちもあったそうです。先に登場した「ニューミュージック」というジャンルの元祖を荒井由美に置く立場もあるように、彼女の楽曲はこれまでの音楽とは大きくかけ離れた感覚を持つものでした。

荒井由美の楽曲は、日常の中の一瞬をスナップ写真のように切り取ったような〝オシャレ〟な感覚に彩られています。『海を見ていた午後』（七四年）の歌詞は、失恋時に高台のレストランから見えた風景を描いたものです。この都会的で〝オシャレ〟な心象風景は、後に『東京ラブストーリー』などで描かれるような感覚の端緒となるものでもあるでしょう。「消費社会」と呼ばれることになる都会的なものに対する肯定性が、「ユーミン」的なものの中核にはあります。たった七〜八年くらい前には「カレッジフォーク」という名で一部若者の「サブカルチャー」に留まっていた都市＝東京的な感受性の音楽は、この頃にはもっと「ポピュラー」なものとして受け取られるようになっていました。七〇年前後の日本社会の変化の速さがわかります。

荒井由美が七四年に出した「やさしさに包まれたなら」というタイトルの曲があります。この曲の中では、「やさしさ」は彼女の周囲の風景のことを意味しています。「プロテスト・ソング」としての過去の「フォーク」が「メッセージ」を〝発する〟音楽であるとしたら、「ユーミン」の音楽においては、「メッセージ」は、目の前の風景から〝受け取る〟ものになっているのです。この受け取られる「メッセージ」とは、豊かな「消費社会」が与えてくれる「やさしさ」と〝楽しさ〟でもあるでしょう。

以上、今回は、60年代後半からの「フォーク」という音楽の内実の変遷を見ながら、音楽の中で

「やさしさ」という感覚が浮上するようになるまでの過程を見てきました。それは「フォーク」が「社会」や「政治」を語ることをやめ、別のリアリティに着地するまでの過程であったとも言えます。そのリアリティとは、「私」という「個」のリアリティであり、「消費社会」のリアリティのことでした。そして、このリアリティを表現することを通じて、「サブカルチャー」や「カウンターカルチャー」であった「フォーク」的な音楽は、「みんな」の「やさしい」「ポピュラーカルチャー」として再編成されていきます。

時代の中で、「社会」を〝熱く〟語る「私たち」の共同性が、「やさしさ」によって分割された「私」という複数の個のリアリティの中に霧散していきました。そして、その個たる「私」たちは、「消費社会」という、「やさしく」て〝楽しい〟世界を新たに生きることになります。見田が、「現実」の生々しさとは別のリアリティを持つ「虚構の世界」の基礎的な感覚として「やさしさ」を置いたのは、このように「やさしさ」が、旧来の「社会」や「私たち」といった共同的な感覚とは別の水準の中にある関係性を生み出したからです。音楽の変化は、具体的に、この社会的な感覚の変化を見せてくれるものでした。

先ほど、「やさしさ」という新たな関係性を歌うものとして紹介した『神田川』の歌詞は、実は貴方のやさしさが怖かったという一節で終わっています。よく考えると不思議な歌詞です。「やさしさ」の何が怖かったのか？　そこからもう一度、「やさしさ」によって覆い尽くされた社会を考えてみるのも意味あることでしょう。

読書案内

日本の「フォーク・ソング」の歴史については、自身も「フォーク」歌手であったなぎら健壱による『日本フォーク私的大全』（ちくま文庫、一九九九年）が大まかな見取り図を与えてくれる。「私的」とあるように、自分史と交友関係を中心に話が行われていくが、客観的な視点も保持されていて、内輪話に落ちないおもしろさがある本である。

森達也の『放送禁止歌』（知恵の森文庫、二〇〇三年）は、「放送禁止」と〝されてきた〟音楽の「放送されない」根拠を探っていく本。規制しているのは一体誰なのか？　という問いは、深く考えられるべきものである。さまざまな意味で、「フォーク・ソング」と「政治」や「社会」の関係を考えさせられる一冊。

栗原彬『やさしさのゆくえ　現代青年論』（ちくま学芸文庫、一九九四年）は、「やさしさ」という問題を考えるにはやはり外せない本であるだろう。栗原の「やさしさ」に対する考察はその後も続けられていくことになるが、その原点という意味合いは大きい。また、モラトリアムという論点などから、「心理学」と「社会学」を独自の方法でつなぎ合わせようとする方法もおもしろい。

現代的な「やさしさ」について考えたいのなら、土井隆義『友だち地獄「空気を読む」世代のサバイバル』（ちくま新書、二〇〇八年）が入り口になる。すでに刊行から時間が経過してもいるが、傷つくことと傷つけることを過度に恐れる繊細さが、新しい生きづらさを生んでいるという論点はいまだに有効だろう。「教室は　たとえて言えば　地雷原」という川柳にひっかかる気分や思い出があるならば、ここから拾えるものはたくさんあるはず。

注

（1）この文章の最後では、栗原はフォーク歌手である友川かずきの歌の中に「自己解放に結びつくやさしさ」を見て取り、その可能性を語っている（栗原　一九九四：一七九）。

（2）これ以前に、一九六七年に関西発のザ・フォーク・クルセダーズによるコミカルで実験的な作風の『帰って来たヨッパライ』が「アングラ・フォーク」の名で有名になっていたこともあり、その流れの中に『受験生ブルース』のヒットが置かれたということもあるだろう。

（3）その後、その岡林の音楽の生々しさを受け、友川かずきなどが「ギター一週間独習法」などを片手に音楽をはじめるように、高石から伝言ゲーム的に「関西フォーク」の波は伝播していった。

（4）ここで書いているのは、あくまでも「一部の若者のサブカルチャー」に流通した「フォーク」についての話であるが、同時期の「ヒットソング」もまた、これまでとは違う動きを見せていた。一九七〇年の売り上げ一位であった歌手は、暗い生い立ちや境遇を強調して売り出していた藤圭子であり、やはり時代意識の変化を感じさせる存在である。

（5）このロックへの興味から、岡林は、はっぴいえんどというバンドに協力を求めた。後に伝説化するこのバンドは、初期は岡林のバックバンドとして名前が広がっていた。
また、岡林が強く影響を受けたボブ・ディランも同様に、ある時期以降、エレクトリックギターを手に取り、ロック志向を増したため、多くの観客から批判されていたが、このボブ・ディランの置かれた状況を岡林は後に自分と重ね合わせている。
（6）このような岡林の来歴は七七年の歌『Ｍｒ．Ｏのバラッド』で自分の言葉でまとめられている。
（7）岡林はその後、演歌やエンヤトットといった日本的な音楽に興味を向けるようになる。これは、プログレバンド「キングクリムゾン」のロバート・フィリップに会った際に、〝日本のロックが結局、欧米の猿真似に過ぎない〟と馬鹿にされたことへの反発からはじまったものであると岡林は語っている。
（8）この中では、直接はこの流れとは無関係であった岡林信康に釈明を求める声も上がったという（なぎら　一九九九：一七三）。
（9）ただ、この頃から吉田は多くの作詞を外部化させるように自らの言葉というものに対するこだわりもやや希薄になっているようにも感じられる。

最終回 ふたたび現在のポピュラーカルチャーを考える

［1］ほどかれ、また、結ばれる「みんな」の文化史

さて、今回でとりあえず、この授業も最終回となります。今日はずっと宿題になっていた、「現在」について考えるということをしてみようと思います。これまで、過去の「ポピュラーカルチャー」を見てきたのも、かつてはありえた「みんなの文化」の成立要件を探るためという理由からでした。前回までの授業では、みなさんにまだ身近であるだろう90年代から70年代までをさかのぼり、それぞれの時代の「ポピュラーカルチャー」の代表例を見てきました。まず、その内容をもう一度、確認してみましょう。今回は、みなさんの記憶に新しかろう前回の内容から、徐々に新しい時代に近づけていきます。逆回しで見てきた歴史を、今度は順番に、ただし超早送りで確認してみましょう。

まず前回お話しした70年代の「フォーク・ソング」についてです。60年代末に「社会」や「政治」を歌うようになった「フォーク」は、当時の若者たちの「私たち」という意識を構成する「サブカルチャー」としての役割を果たしていました。ですが、70年代に入るにつれ、「私たち」の連帯を歌う歌よりも、「私」を歌う歌の方が力を得るようになります。歌のこの「私」化により、時代を象徴する歌は「フォーク・ソング」から「ニューミュージック」へと移行し、「みんな」に「やさしく」親しまれる「ポピュラーカルチャー」へと姿を変えました。「やさしさ」という価値観の拡大は、「社会」や「政治」という生々しいものから別の次元へと人々の意識が移行することを意味していました。そして、その個化した「私」たちの関係のすき間に「消費文化」が入り込んできます。

この「やさしさ」という価値観の強まりと同時期に、日本社会には「オカルト・ブーム」が到来していました。超能力、幽霊、ＵＦＯ、未確認動物、そんな〝目に見えない〟ロマンを世界の中に見出そうとする試みが、流行現象となりました。このブームは、人々の意識が「現実」や「生活」とは違う位相に目を向けはじめたことを意味しています。「メディア」が力を持ちはじめた時代状況も相まって、この「異世界」に向けられた人々の欲望は日本社会に大きく広がっていきました。70年代の「ポピュラーカルチャー」から確認できることは、日本社会の「みんな」が、生々しく具体的な「現実」や「社会」といったものから距離をとろうとする傾向です。歌の世界の「やさしさ」にも、「オカルト」にも、そんな傾向性を読み取ることができました。

このような「現実」からの離脱を志向する意識が強い力を持つようになった時代を、見田宗介は「虚構の時代」と呼びました。80年代は、この「虚構の時代」化がさらに進展する時代です。この授業では「ファンシー・グッズ」や「キャラクター・グッズ」の中にその要素を読み取りました。特に「タレントショップ」文化は、「メディア」向けに「キャラクター」性を強く押し出した「タレント」という存在が、さらにマンガ的な「キャラクター」に変換されるという意味で、「空想」性が幾重にも重なったものでした。80年代は、70年代にあらわれた「空想」的な文化が全面化した時代です。

80年代後半以降に大ヒットした『少年ジャンプ』のマンガを、この授業では、空想的な世界の中に「近代」的な「成長物語」や「立身出世」感覚が移植されてできあがったものとして取り扱いました。「成長の限界」が語られる時代状況下で、「成長」というコンセプトは、「マンガ」の物語空間の中で奇妙な変化を遂げていきます。「バブル経済」という時代状況と照らし合わせて、この特異なかたちであらわれた「成長物語」の魅力と限界の双方が考えられるべきでしょう。

90年代前半には『東京ラブストーリー』などの「トレンディドラマ」が流行しました。「テレビ」の中で繰り広げられる「恋愛」にあこがれ、人々は自分たちの生活をその「ドラマ」の世界に近づけようとします。恋人たちのふるまいも、「現実」の風景も、「ドラマ」の中の世界のように改変されていきます。オシャレなＢＧＭの中で、人々の生活は「ドラマ」のようなものへと変わっていきました。「現実」の方が「虚構の世界」の方へと向けてつくりかえられていったのです。

このような流れの中で、小室哲哉ブームに代表される「音楽バブル」が90年代半ばに起きます。いまとなっては信じられないようなお金が音楽の世界に流れ込み、人々の生活と音楽が強く結びついた状態についてお話しました。「経済」的な不況は、むしろ、新しい投資の対象として「ポピュラーカルチャー」を人々に意識させるようになり、没落しつつある社会の中での不思議な文化的狂躁を生み出したのです。

ただ、90年代的な文化の狂躁的状況は、その後、経済不況が本格化することによって、終わりが見えるようになりました。この「文化バブル」の終焉は、文化がタダで流通する（かに見える）「インターネット」の登場によってさらに加速されました。そして、「インターネット・カルチャー」のひとり勝ちとも言える現在の状況がはじまるのです。

以上の話を大まかにまとめてみます。70年代に、「現実」からの距離化を志向する価値観が「ポピュラーカルチャー」としてだんだんと文化の世界の中で力を持つようになり、その全面化が80年代前半に到来します。そして、この価値観があたかも文化を取り巻く一つの巨大なゲームボードのように制度化された九〇年前後、そこに「成長物語」や「ロマンティック・ラブ」のような「現実」的なもの、「近代」的なものを回収する動きが加速します。「生活」的なものまでもが、「ポピュラーカルチャー」的なものへと組み込まれていくようになるわけです。まさに「ポピュラーカルチャー」の時代です。ただ、そんな時代も、本格的な「経済不況」の到来とともに綻びが見え出すようになります。そこから、「ポピュラーカルチャー不在」とも見える現在の状況が訪れます。

「歴史」を語るということは、いくらでも、その他の描き方がありえるものではありますが、今回の授業の素材を並べてみることでひとまず、「ポピュラーカルチャー」の「歴史」としてこのようなストーリーをつくることができます。一つ言えることは、この「歴史」の中で、「みんな」というものがずっと安定したままに存在していたわけではないということです。「社会」や「政治」を〝激しく〟語っていた「私たち」の共同性はいつのまにかほどかれ、次には「消費社会」の中の〝やさしい〟「個」の集合体としての「みんな」が再構成されていました。確たる「現実」を信じていた「みんな」は、別のリアリティの世界たる「オカルト」や「マンガ」や「ドラマ」を志向する「みんな」へと変わっていきます。90年代末に日本社会の「みんな」はCDを大量に買う「みんな」でしたが、いまの「みんな」はそんなことはしていません。「みんな」の中身はずっと書き換えられてきました。

特に注目したいのは、70年代前半における「私たち」から「みんな」への変化です。ここでは「私たち」の連帯という共同性が厚みを増した結果、「みんな」という感覚が誕生するという変化が起きたわけではありません。むしろ、「私たち」の連帯がほどかれ、そして、「個」となった「私」たちが成立することで、「みんな」という共通感覚が成立しているわけです。「私たち」と「『私』たちによる『みんな』」の間には大きな違いがあります。

今回見た「歴史」の中で、「みんな」という構成物は、たえずほどかれて、そして編み直される中で存在していました。「みんな」は永続的にずっと同じかたちで存在するものではありません。というよりも、それが変化しているので、「歴史」を描くことが可能になりもします。変化がないところに「歴史」を見出すことは困難です。この授業の中でこれまで見てきたものは、「みんな」という感覚が、ほどかれ、再び結ばれる過程の「歴史」であったと言えるでしょう。「みんな」という感覚の中には、それを解体する方向に向けられた力とそれを構成する方向に向けられた力の双方が織り込まれているのです。

〔2〕「ポピュラーカルチャー不在」問題再考

第二回の授業で、「現在のポピュラーカルチャー」は、インターネット的な「コミュニケーション」に呑み込まれ、そこに拡散してしまっているために、その成立が困難になっているのかもしれないというお話をしました。圧倒的な「コミュニケーション」の運動の中で、個別の「コミュニケーション」の中に「みんな」という感覚が解体してしまうという図式ですね。ただ、前節で確認したことは、別に「ポピュラーカルチャー」的な「みんな」の解体という事態は、いまだけに起きていることではなく、たえず存在し続けていたということです。いつだって、「みんな」はそれをほどく力の只中に置かれていました。

であるとすれば、「現在」の問題は、「みんな」という感覚が解体していってしまうことそれ自体の中にはないことになります。そんな事態は、いつだってあるのですから。だから「現在」の「ポピュラーカルチャー不在」状況について問題になるのは、その解体の力と拮抗するような、「みんな」を再構成するような力の不在であるということになるでしょう。この「みんな」を立ち上げる力や、それを読み取るための枠組は、どのようにすれば成立可能になるものなのでしょうか?

実は今回の授業の中で、第三回から第五回までの80年代後半から90年代までを説明する際の語り口と第六回から第八回までの70年代から80年代前半までを説明する際の語り口は異なったものになっていました（これは実は無意識の内に行っていたことで、今回のまとめを行うために読み直していて、改めて自分で気付いたことだったのですが）。80年代後半以降の「ポピュラーカルチャー」を語る時、ぼくはやたらと数字の話をしていました。売り上げ、視聴率、連載期間、収入、そんな人気をあらわすための数字です。数字でいかに「たくさんの人」がそれを受容していたかを示して、「ポピュラーカルチャー」としての存在感を伝えようとしていたのです。量の力が「みんな」の存在をあらわす指標でした。「たくさん」で「みんな」を示すのは当たり前のことだと思うかもしれません。しかし、それ以前の時代については、実はそのような方法を採ってはいませんでした。第六回目以降の授業では、「ファンシー化」や「虚構化」、「私化」といった「〇〇化」といった変化に関する枠組をまず説明し、その変化を感じとってもらうために、ビジュアルや歌詞といったイメージに関わるものを実例として紹介するという方法を使っていました。たとえば、ファンシーなイラストや丸文字、曲がったスプーン、もしくは「フォーク・ソング」の歌詞なんかを例に話を進めていましたよね。文化が大きな変化の過程にある中では、その変化を印象づけるインパクトの強いイメージ的なものを紹介することで、そこで「みんな」によって共有されていた新しいリアリティを提示できると考えていたのです。イメージの力を「みんな」の立ち上がりの指標としようとしていたわけです。

このようにこの授業の中では、数字によって「たくさん」という事実性を示し「みんな」という感覚を説明する前半部の作業と、インパクトあるイメージを示してそこからその時代の「みんな」のリアリティを感じてもらおうとする後半部の作業とを、時代ごとに使い分けて行ってきました。「虚構の時代」の新しいリアリティが拡散していく80年代半ばまでの時代では強いイメージによって「みんな」の存在を示し、そのリアリティが一つのゲームボードとして全面化した80年代半ば以降の社会では、その制度化した状態の中での優位を示すために数字によって「みんな」の存在を示す、そんなかたちで話をしてきたのです。時代状況に応じて、「みんな」という感覚を表現する方法が異なっていたわけですね。この自分が取った説明の方法の違いは、それぞれの時代の「みんな」というものの感覚のされ方の違いを反映しているのだと思います。量の力が「みんな」になる場合と、イメージの力が「みんな」になる場合があったわけです。

それでは、この「みんな」の感覚の仕方の二つのパターンが、「現在」に適用可能かということについて考えてみましょう。まず、量的な方法で「みんな」を把握することが有効かということについてです。たとえば、売り上げによって「みんな」という感覚を保障することができるのか。これは現在、困難であると思います。たとえば、少し前に、ＣＤに握手会などの券をつけて販売数を伸ばし、オリコンなどの上位などに入れ宣伝効果を生み出そうとする「握手会商法」などと呼ばれる方法が取りざたされていました。現状、ＣＤを購買するという行為は、「アーティスト」に対する応援という意味合いが強く付随するものであり、複数枚を一人が購入することも多くあります。こういうかたちでものを購入することが増えてくると、売り上げと「みんな」は直結するものではなくなりますよね。

そもそも、「たくさん」と「みんな」は違うことを指した言葉です。数字の多さで「みんな」を示そうとすることは、この異なる二つの感覚を短絡させても大丈夫であろうという感覚がある限りにおいて有効です。〝「多数派」を「みんな」とみなしてよい〟という共通理解がないと、それって単に人数が多いだけじゃないかというツッコミが登場します。この点について、「現在」、人々はかなり繊細になっているように感じます。「多くの人」はしょせん「多くの人」に過ぎない、もっとさまざまな感性を持った人たちもたくさんいるはずだ、そんな個性に関する繊細さを過去よりも、人々は強く持つようになっているように思えます。この繊細さは、「たくさんの人」が受容しているカルチャーがあったとしても、それはあくまでも「メジャーなサブカルチャー」に過ぎないという感触を生むことになり、「みんな」や「ポピュラーカルチャー」という感覚の存立を困難にします。

多さという量的な視点から、「現在」の「みんな」という感覚を得ようとすることはどうやら困難なようです。であるとしたら、イメージという質的なものを読み込み、そこから「みんな」の共通のリアリティを洗い出していくという方法はどうでしょうか。実はこれにも困難を感じます。というのも、これまで70年代以降の「歴史」の中で描き出そうとしてきたことは、文化的なものが「現実」や「社会」から離脱し、それが直接的に社会的なリアリティとは結びつかない自律性を帯びるようになったということだったわけですから。「虚構化」や「私化」という話と結びつけながら、時代の文化的なイメージについて分析したのも、その前の時代と比較することで、カルチャーが社会的リアリティから切り離されていく過程を描けると考えたからです。イメージの自律化がさらに進行した文化世界において、イメージから「みんな」という感触を取り出すことは困難な作業になっています。

たとえば、前回の授業で「フォーク」の「歌詞」を分析し、その社会性を抽出するという作業を行いました。この「歌詞分析」という方法も、近年では困難が主張されています。「ポピュラーミュージック」の世界では、歌詞は歌詞として単独に存在するのではなく、リズムやサウンド、もしくは身振りなどと共振しながら、言葉の素直な意味とは別の次元で展開される要素がとても大きくなります。[1] 歌詞やビジュアルといったイメージの分析から、それを愛好するサブ・グループの趣味世界のリアリティを分析することはまだできるかもしれませんが（そのことにも相当な工夫が必要に思えます）、それをさらに広げ、「みんな」の社会的リアリティまで広げることは現在では相当に困難なことです。

三回目から八回目までの授業で六つのトピックについて、当時の「ポピュラーカルチャー」の存在を描き出そうとしてきました。ですが、そこで用いた方法を使って、「現在のポピュラーカルチャー」を描き出すことはどうやらむずかしいようです。これまで見てきた数字とイメージのどちらからも「みんな」を抽出することが困難であるというのは、あくまでも、「社会学」という学問レベルの困難に思えるかもしれませんが、この困難は実際には、人々が「みんな」を感じ取ることのむずかしさとも結びついているはずです。人々が〝納得できる〟水準で「みんな」を感じ取ることがむずかしくなったことが、学問的に、その感覚を抽出することの困難に結びついているように思えます。人々の間で「みんなの文化」の存在を想像するのが困難になったこと、これが「みんなの文化」という感覚をまとめあげる力の不在を生み出しているのでしょう。「みんな」はなかなか立ち上がりません。過去から導き出した基準を「現在」に適用して、「ポピュラーカルチャー」をみつけようとしても、それは相当むずかしいことであるようです。

［3］災後社会のポピュラーカルチャー

ただ、比較的最近、一時的にせよ、「ポピュラーカルチャー」の感触が帰って来た年があります。二〇一三年です。流行語というものが徐々に力を失ってきているという話を初回にしましたが、二〇一三年は、以下に紹介するようなメジャーな流行語が力を取り戻した時期でした。NHKの朝のドラマ『あまちゃん』で主人公の少女がおどろいたときに発する「じぇじぇじぇ！」、予備校のCMで林先生が勉強をはじめるタイミングを語る「今でしょ！」、経済ドラマ『半沢直樹』のセリフからとられたキャッチコピー「やられたらやり返す、倍返しだ‼」、オリンピック招致で日本をアピールするために使われた「お・も・て・な・し」、これらは当時おそらく、日本社会の「みんな」が共有していた言葉だと思います。これらの言葉がテレビに関わっているという共通の特徴もあります。なぜ、この時期、「みんな」に共有されるようなカルチャーが登場したのでしょうか。

明らかにそれは二〇一一年の「東日本大震災」の影響であると思います。日本の「みんな」が一つの悲劇を共有したという感覚もあったと思いますし、単純に、「みんな」がテレビを日常的に見ざるを得ない状況に置かれたということもあったことでしょう。また、震災の衝撃が人々に共有されつつも、カルチャーに興味を持つ程度にはその衝撃から人々の気分が解放されていたのがちょうどこの時期であったのだと思われます。この共有された気分も、震災から時間が経ちすでに消えてしまった気もしますが、この頃はたしかに存在していましたし、だからこそ、「ポピュラーカルチャー」的な感触は盛り返しを見せるようになっていました。(2)

こうやって、「みんな」という感覚が生まれるような状況が訪れれば、スッと「ポピュラーカルチャー」は立ち上がってくるということは、当たり前の話に思われるかもしれませんが、存外に大きなことを述べている気もします。「みんな」の感じられなさという話を今回はずっとしてきました。ただ、感じられなくとも、「みんな」が生まれざるをえなくなれば、「現在」でも、「みんな」の文化は立ち上がるものであるのです。であるとするならば、この「立ち上がり」を可能にしている条件をもう少し、考えてみるということは意味がある気がします。あれだけ、「みんなの文化」が立ち上がらないと悩んでいたはずなのに、一旦、経験の共有が生じれば、そこから「みんなの文化」というものが生まれてしまうのですから、それは不思議な話でもあります。

ここで注目してみたいのは、この時期に流行語を生み出したものが、どこかで〝古臭さ〟の感触を持っているということです。林先生も『半沢直樹』もいまどき珍しい「熱血」を感じるところがありますよね。現在的な閉塞を、昔懐かしい「熱血漢」が打ち破ってくれる、そんな感触を持っていたように思います。「お・も・て・な・し」も過去の日本の発展の原点とも言える東京オリンピックの再度の招聘に関わるものです（いまさらオリンピックをもう一度やったところで、過去の栄光が帰ってくるとは思えないところもありますが）。『あまちゃん』はやや複雑ですがやはり似ています。主人公の少女は、祖母の海女さんという職業を引継ぎ、また、母のアイドルという夢も引き継いでいます。三陸と東京という二つの舞台設定もあり、過去と現在が複雑なかたちで結びついているところがあります。これらにすべて共通するのは、過去のイメージが現在によみがえり、現在の閉塞を打ち破るという設定です。過去のイメージが流用されてはいますが、古い物語構造が復古しているわけではなく、過去のイメージと現在とがぶつかるようなかたちで新しい物語が展開されています。そして、そこから「みんなの文化」が一旦、復活しました。

過去には「ポピュラーカルチャー」という「みんな」が成立している時代がありました。「みんな」が熱中していた「オリンピック」、「熱血」的な「青春もの」、80年代的な「アイドル文化」、そんな諸々の文化です。震災後の「ポピュラーカルチャー」的なものの復活は、そんな過去の「ポピュラーカルチャー」を参照項とし、そのイメージを活用することで成立しているものなのです。「みんなの文化」なき時代の中で、「みんなの文化」を立ち上げる力、それは過去の「ポピュラーカルチャー」の記憶の助けを借りることで生まれたものであったのです。

［4］データベースという「みんな」？

「ポピュラーカルチャーの不在」と言われている状況の中で、「ポピュラーカルチャー」が立ち上がる瞬間に、過去のカルチャーの記憶が援用されるというのは注目すべきことであるでしょう。しかも、おもしろいのは、その過去の文化イメージが流用される際に、その受容に世代差のようなものがあまり感じられなかったことです。本来、過去のイメージとの距離については、直に体験した世代と間接的にしか知らない世代の間に差があるので、世代ごとの違いが存在しているはずです。にもかかわらず、それらの作品について、若い世代も上の世代と同じように、それらを〃懐かしい〃ものとして共有している感触がどこかありました。

そういえば、今回、この授業で過去の「ポピュラーカルチャー」を自分より下の世代の学生のみなさんに紹介するという作業をする中で、改めて発見したことがありました。それは思ったよりもはるかに、学生のみなさんがすんなりと過去の文化を理解し、共有していくということです。事前の予想では、現在とは異質な過去のカルチャーは、みなさんにとって、おどろきやとまどいを呼び起こすものだと思っていたのですが、そんなことはあまりありませんでした。前にも話題に出しましたが、最近の学生のみなさんが聴く音楽があまり90年代とは変わっていなかったりするし、四十年も前の文化であるはずのスプーン曲げなんかも〝小学生の頃、給食時にみんなやっていました〟というコメントが来て、面食らったこともありました。「ポピュラーカルチャー」というものが日本社会に根付く中で、すでにそれが世代を超えた一つの共有知になっているようです。マンガなんかも、すでに親御さんがマンガを普通に読む世代であるので、本棚から借りて読むなんてことも多いみたいですね。過去のカルチャーが違和感よりも、世代を超えて共有された〝懐かしさ〟という枠組の中で受け取られるというのはそれなりの発見でした（こういう発見が講義をすることの面白さですね）。

音楽ジャーナリストである柴那典が『ヒットの崩壊』という本の中でおもしろい指摘をしています。「ヒットの崩壊」とありますが、これまで論じてきたような「ポピュラーカルチャーの不在」をただ主張するような内容の本ではありません。むしろ、その「ヒットの崩壊」と呼ばれる構造の中で、どのように、音楽という文化が姿を変え、生き延びているのかということについて書かれた本です。前にも話したように、CDの売り上げはどんどんと減っています。ですが、JASRACが発表している「著作権使用料等徴収実績」を見ると実際にはその数字は、二〇〇〇年以降、一〇〇〇億から一二〇〇億円の間で増減をくりかえしており、大きな変動は見せていないのです(3)。ライブにおける「演奏」での徴収が増えるなど、CD購買とは別のかたちでのお金の動き方を見ることができます。このような構造の変化の中で柴が見出すのは、ミュージシャンたちが「『みんなが知っているヒット曲』がなくとも、ファンを増やし、動員を稼ぎ、ライブを主軸に活動を続けていくことができるように」（柴 二〇一六：四七）なったことです。過去のヒットを飛ばしてすぐ消えていく一発屋的な存在は消えていき、長く愛され続ける楽曲や音楽家は増えています。ＣＤの売り上げランキングを見ると「みんな」が知っているような「ポピュラー」な曲はなくなってきていますが、カラオケで歌われる曲を見ると、そこから「定番化」している音楽が見えてくるとも柴は言います（柴 二〇一六：九二）。たしかに、カラオケで歌われる曲をイメージすると、時間が経ってから「みんな」の懐メロとして扱われそうな曲はありそうに思えますよね。楽曲もミュージシャンも長生きするようになっているのです。

ライブ・フェスや長時間化したテレビの音楽番組は、世代を超えさまざまなミュージシャンが共演する場になっていますし（柴 二〇一六：一〇八）、二一世紀に入ってから過去の楽曲をカバーする「カバーブーム」も起きています（柴 二〇一六：一七八）。瞬間的に沸騰し、その後、泡のように消えていく「バブル」的な音楽ヒットはなくなっていったかもしれませんが、別にそのことは「みんな」が共有するような音楽文化が消えたことを意味してはいません。短期的な世代現象というレベルでなく、もっと長い時間感覚の中で「みんな」の共有物としてのカルチャーが存在するようになったという指摘はありえるでしょう。「90年代のＣＤバブルの時代が、むしろ異常だった」（柴 二〇一六：一〇〇）とも言えるかもしれません。短い時期区分を超え、あまりに幅広く存在するようなったために意識されることのなくなった「みんな」の共有物としてのカルチャーが、震災後のように「みんな」という感覚が意識された瞬間に、ふっと立ちあらわれるということは充分に考えられることです。

この過去の文化受容に関するギャップのなさの感覚は、電子化された世界において、強くなるものです。電子データが劣化しないために文化の中にある時代性が薄れていくということもありますが、ネット上のＹｏｕＴｕｂｅのような動画共有サイトによって、さまざまな時代の文化が並列されるようになっているということも大きいでしょう。また、欲しいものがあれば、ネット書店や音楽配信サービスですぐ入手することもできます。過去の映像や音楽が並べられたあまりに大きな図書館のようなかたちでインターネット空間は存在しています。そんな文化空間にスッと参入できる状況の中では、細かい世代的な差異などよりも、個人の趣味的な好みの方が強い意味をもつようになります。そして、文化表現と世代のつながりはどんどん希薄なものになっていきます。データベース的な世界は世代意識を解体していきます。このようにして、世代意識と無関連な文化体験が生まれてきます。

震災経験の共有が起きた後に、「ポピュラーカルチャー」的なものが立ち上がった理由は、このようなデータベース的に共有されている文化経験というものの存在があるでしょう。さまざまな文化への接触可能性の高まりは、必要があれば、すぐに「みんな」が文化を共有できる状態を準備します。その意味では、この文化的なデータベースの存在を、一つの「みんな」の在り方として考えることもできるかもしれません。人々がそこに参加し、そして、そこから日々、カルチャーを摂取しているわけですから。

　ですが、このように文化的データベースという大きな基体がありえたとしても、それが即、「みんな」という意識としてあらわれるということではなさそうにも思います。というよりも、このようなデータベース的な基体が「みんな」という意識の成立を邪魔することもありえそうです。たしかに欲しい情報や作品は、検索すれば、すぐに手に入れることはできます。それはあたかも「無限」に近い感覚を利用者にもたらすものです（実際にはそんなこともないのですが、感覚的にはそのように思ってしまうことでしょう）。でも、このような情報の「無限」という感覚は、たえず、自分の知らないことや違う文化の存在というものを意識させてしまうものでもあります。だから、「すべてを知っている」とか「みんなの文化」とか、そういう感覚は立ち上がりにくい状況が訪れます。売り上げなどの大きな数字を聞いても、それに関心を持たない層の存在もネット上で目に見えてしまいますし。

　このようなデータベース的な文化空間を先駆的に描き出した批評家東浩紀は、『動物化するポストモダン』で、データベース型に成立した社会を「大きな共感のない社会」（東　二〇〇一：一三八）と語っています。巨大なデータベースという基体は匿名的で統計的な世界であり、不可視なものです。人々はその断片をそれぞれが組み合わせて、自分向けやあるグループ向けの「小さな物語」をつくりだすことを行っていますが、それをさかのぼって全体という深層に直接、繋がることをしようとしても、結局、そこには「際限のない横滑りの運動が生じることになる」（東　二〇〇一：一六〇）だけです。膨大なデータベース的空間は、それまでの「大きな物語」という共有された世界観を持つことなしに成立してしまうものであるのです。

カルチャーの接触可能性はデータベース的な世界の登場によって、飛躍的に高まりました。広く、人々が過去のカルチャーにも現在のカルチャーにも触れる可能性は高くなっています。そこから、震災後のように「ポピュラーカルチャー」が生まれることもあります。ですが、そのことは逆に人々の「みんな」という意識の立ち上がりを、困難にする部分があります。データベース的な膨大さは「ポピュラーカルチャー」の成立にとって厄介なものでもあります。たしかに、震災のような圧倒的な経験を共にもった場合、それを基盤に世代感覚を超えた「ポピュラーカルチャー」の登場が起きることもあります。ですが、その経験から時間が経ってしまうと、また、「みんな」は解体していってしまいました。ネット的世界は、同じ震災後という状況下にあっても、そこにさまざまな立場の人間やさまざまな利害関係が存在することを可視化し、人々の共通性の感覚を打ち崩していくものでもあったのですから。

［5］ゆるさの共有からはじまるもの

震災後に〝懐かしいイメージ〟を「現在」と結びつけた「ポピュラーカルチャー」が流行したことを手がかりに、「現在」ありえる「ポピュラーカルチャー」の可能性について、考えることを行ってきました。そこから文化のデータベースという全体的なもののイメージを引き出してみたのですが、このデータベース的なものというのは文化に対して両義的な性格を帯びてもいました。それは人々にさまざまなカルチャーへの接触可能性を与えるものでありながら、そうであるがゆえに、「みんな」という意識の立ち上がりを邪魔してしまうものでもあるのです。結局、話は「ポピュラーカルチャーの困難」の方に立ち戻ってしまいました。やはり、「現在」、震災のようによほど大きな出来事でもなければ、「ポピュラーカルチャー」は存在しえないのでしょうか？　もう少し、踏みとどまって考えてみましょう。震災後に流行った「ポピュラーカルチャー」の中には、〝懐かしいイメージ〟の復活ということ以外になにか特徴はないのでしょうか。

現代文化批評を広く行うさやわかという人物が『一〇年代文化論』という本の中で、「二〇一〇年代の若者文化」について、「それは『残念という思想』に基づいた文化だと思っている」（さやわか　二〇一四：一六）と書いています。「残念という思想」とはなんのことか？と思う人がいることでしょう。ちょっと見てみましょう。

この本の冒頭では、先にも出した朝ドラ『あまちゃん』の話がされています。そこで引かれるのは、このドラマのチーフ演出による「『残念』という言い方の中にものすごい愛情があるドラマをやりたかった」という言葉です。このドラマの脚本家である宮藤官九郎が舞台となる久慈市にはじめて訪れた際に言った感想が「なんか残念ですよね！」という言葉だったそうです（さやわか　二〇一四：

一六―一七)。たとえば、お土産屋さんに置かれているものも、どこの町でも置かれていそうなもので〝微妙さ〟を抱えたものです。でも、この「残念」という言葉は決して、否定的な言葉ではありません。宮藤は、この〝微妙さ〟を抱えながらも、一生懸命、町を盛り上げようとしている姿に好感を持って、〝微笑ましさ〟とともに、その〝微妙な〟感じを「残念」という言葉で表現しています。完璧に風光明媚な土地というイメージはどこか嘘くささを伴ったものです。現実とは、その完璧さに比べれば〝微妙な〟ものかもしれませんが、その〝微妙さ〟というものは、愛らしいものでもあります。『あまちゃん』というドラマを支えていたものは、この愛着をもって語られる「残念」の感覚であったとさやわかは考えます。

他にも近年、「残念な美人」とか「残念なイケメン」という言葉が若者たちの間で使われることがあります。たとえば、ルックスはよいのに、「その容姿に全くそぐわない趣味や性癖を持ったり、イメージが崩壊するような言動をしたりと、イケメンであることがもったいないイケメン」(さやわか二〇一四:五一―五二)が世の中には結構、存在したりしています。そういう場合、「残念」という言葉が使われるわけですね。この場合も、否定的にこの言葉が使われているわけではありません。ギャップのせいで完璧ではなくなっているのですが、そのギャップを込みで、完璧ではない当人への愛着が表現されているわけです。(4) さやわかは二〇〇七年前後にこの「残念」という言葉の使い方が生じたとしています。

さやわかは、どちらかといえば、この「残念な思想」を「旧世代にとって相容れないもの」「新しい文化」（さやわか　二〇一四：一九四）として提示しています。先に「二〇一〇年代の若者文化」と書きましたが、ここで出てくる例も『あまちゃん』以外は、ネット文化やアニメ、アイドル、ライトノベルといった若者文化が多くなっています。ですが、『あまちゃん』の中に見ることができるような肯定的な「残念」というかたちでの〝微妙さ〟への愛着は、もう少し「ポピュラー」なカルチャーの中に見ることもできる気がします。

たとえば、『あまちゃん』と同時期に流行った「倍返しだ！」の半沢直樹や「今でしょ！」の林先生に見られる「熱血キャラ」の如きものも、世が世なら、単に滑った寒い人物として扱われかねないような時代錯誤性をもった存在です。でも、そんな〝微妙さ〟のような時代錯誤性がウケたというのが彼らの言葉が流行した理由でもあるでしょう。どこか、笑いながら、その真似をして楽しむことができるような感覚が彼らのキャラの中にはあります。二〇一三年の流行文化の中に、〝懐かしさのイメージ〟とともに、その〝懐かしさ〟がもつ「残念」な感じを見て取ることも可能でしょう。肯定的な〝微妙さ〟という感覚をもう一つの軸として、とることができるのです。

この「残念」＝肯定的な〝微妙さ〟という軸を使って、現在のテレビなどを見てみると、違った見え方がしてくるような気もします。たとえば、近年、バラエティ番組では、ひな壇芸人と呼ばれるお笑い芸人の扱い方が増えています。トーク系のお笑い番組など、若手や中堅の芸人が大量にひな壇に座って、にぎやかしのようなかたちで、それぞれが小さな笑いをとりつつ進行していくものって多いですよね。笑いが滑ったりしても、キャラがはっきりしていれば、それがツッコミを呼びつつ、場は盛り上がって進行していきます。下手に、場の主役を握り続けてしまうような圧倒的なおもしろさがあることよりも、〝微妙〟であることで場のコミュニケーションが盛り上がっていくことの方が、ひな壇芸人として重要な部分もあります。独り立ちできない、「未満」のような性格を抱えたひな壇芸人たちですが、彼らがとりおこなう「コミュニケーション」が、「現在」の中では、楽しまれたりもしています。グループ化したアイドルなどもこれと同じように見ることができるかもしれません。

他にも、近年、多くなった気がする街歩き系の番組なども、この肯定的な〝微妙さ〟の中で考えることができるでしょう。『ブラタモリ』や『モヤモヤさまぁ～ず』、『鶴瓶の家族に乾杯』、『ローカル路線バス乗り継ぎの旅』などの番組です。『あまちゃん』を久慈市の〝微妙さ〟に着目したドラマとして紹介しましたが、わたしたちの日々、暮らす街や町にしたって、どこか〝微妙な〟場所です。目の前にある風景は『東京ラブストーリー』的な気分に浸るには、ちょっとしんどそうですし、オシャレを目指して、結果的に〝微妙〟になってしまった場所をよく見かけもします。これらの番組は、わいわいとおしゃべりしたりしながら、その場所の中にある風景や人の〝微妙さ〟を楽しんでいきます。別にその〝微妙さ〟をバカにするわけではなく、それを通じて、場所や人とのつながりをつくっていっているわけですね。この場所の〝微妙さ〟を楽しむという感覚は、少し前に流行った「ゆるキャラ」や「B級ご当地グルメ」を用いた町おこしや観光というかたちでも具現化していることでしょう。

さやわかが注目した「残念」という言葉の独特の使い方は「若者文化」に限定的なものであるかもしれませんが、それを支える肯定的に〝微妙さ〟をとらえる感覚というものは、このようにもっと広く、日本社会の「みんな」に共有されているものでもあるようにも感じられます。互いの〝微妙さ〟を通じて、そこから、ワイワイと楽しく「コミュニケーション」をつないでいくという仕方は多くの人が行っている気がします。SNS上の「コミュニケーション」などを見ていても、それは言えることではないかと思います。(5)〝微妙さ〟を介して、文化と「コミュニケーション」は結びついているようにも見えます。ここに「ポピュラーカルチャー」の存在の可能性を見ることもできるのではないでしょうか。

「虚構の時代」が加速し、その「虚構」の精度が上がるにしたがって、文化の世界はどんどん完成度や緻密さを深めていくかに思われました。たしかに、映像におけるCGの緻密化などを見ると、それは正しいことであるかに思えます。でも、一方で、やはりわたしたちは「現実」の世界を生きているわけで、「虚構の世界」の完成度と、わたしたちの生きる「現実」のギャップが大きくなっていることもたしかです。完璧にこしらえられた「虚構の世界」を前にすれば、わたしたち自身の姿や生活というものは〝微妙〟なものでもあります。しかも、以前のようにお金をまわすことができなくなれば、「虚構の世界」の達成度にしたって〝微妙〟なレベルのものになってしまいます。さまざまなレベルの「現実」的な問題によって、わたしたちの生活が「虚構」によって光り輝くなどという「夢」や「理想」は、〝微妙〟な結果に終わりました。ただ、そんな中で、人々は、その〝微妙さ〟を押し潰すのではなく、当たり前のこととして受容する態度を身につけたのかもしれません。

データベースという文化的基体について話題にしたときに、その「無限」であるかに感じられる性格というものが、「みんな」という感覚の立ち上げを困難にするということをお話ししました。どうにも、われわれは、自分たちのことを「みんな未満」の集団性の中にある存在としてしか見ることができないのではないかと。導入部で確認した「社会学」という学問の「社会の融解」や「個人化」といった語り口もこの感覚を共有している気がします。「みんな」という感覚もまた、〝微妙さ〟を抱え込むようになりました。

ただ、なにか、この「みんな」と言っていいのか、それともやはり「みんな」とは違うのではないか、というようなモヤッとした「未満」感みたいなものはもう少し、考えてよい感覚なのではないかと思います。この授業自体が、あるともないとも言い切れない「現在のみんなの文化」というモヤモヤした地点から考えようという態度を基本的なものとして議論を出発させたところがあります。ちょっとややこしい言い方になりますが、「現在のみんな」の中にある意識として、この「みんな未満」感が取り出せるような気がします。「みんな」という共通感覚が上手く立ち上がらないこと、その不発感自体が共有されているように感じられると言いましょうか。この立ちあがらなさの共有と、〝微妙〟を肯定的にとらえようとする感覚はつながっている気がします。

作田啓一という社会学者が、一九六四年に書いた「恥の文化再考」という論考の中で「羞恥の共同体」というアイデアを提示しています（作田　一九六七：二二四）。競争原理に基づき能動的な人間像をつくりだした「近代」という時代意識に対して、太宰治の文学などを手がかりに、「羞恥」によって自分の弱さを意識化したがゆえに生み出される違ったかたちでの共同性を作田は模索しようとしました。〝微妙さ〟を共有したがゆえの共同性というものは、この作田が考える「羞恥の共同体」と似ている気がします。作田が考える「羞恥の共同体」も、弱さを媒介にしたものであるために、それを明確に描こうとするとズルズルと崩れていって、うまく取り出せないものでもあります。ただ、そうであるがゆえに堅固な制度的な共同性とは別の共同性を生み出しうるものでもあるのです。

いま、わたしたちの目の前にある文化的風景を、この〝微妙さ〟という軸を使って眺めてみると、作田の「羞恥の共同体」にも似た「〝微妙さ〟の共同性」が取り出せるような気もします。文化はしばしば、その精度や緻密度を高めれば、その説得力や迫力をもってして、人々の心をとらえられるかのように考えられがちです。特に、文化が力を失ったと考えられやすい現状では、特にそのような方に考えが向いてしまいがちである気もします。ですが、それに対してむしろ、〝微妙さ〟や〝ゆるさ〟のようなものが「みんな」の心をとらえはじめていることは注目してみてよいことであるように思えます。「現在のポピュラーカルチャー」の可能性はそちら側の方にあるのかもしれません。

この授業の中で見てきた過去の「ポピュラーカルチャー」群の中にも、数々の〝微妙さ〟や〝ゆるさ〟のような感覚が存在していました。この授業には、少年ジャンプのマンガにあった勢い重視の〝いいかげんさ〟、80年代カルチャーのダサさ紙一重の〝過剰さ〟、70年代オカルトの〝いかがわしさ〟、歌の中にあらわれた優柔不断な〝やさしさ〟、そんな数々の〝微妙さ〟や〝ゆるさ〟の魅力を語ってきた側面があります。その〝微妙さ〟や〝ゆるさ〟のような部分こそが、人々が、カルチャーに入り込んで、ワイワイと楽しんでいくようなすき間としての役割を果たしていたのではないかとも思います。〝文化が危機の中にある〟、そんな焦りの意識のようなものは、場合によっては、この〝ゆるさ〟というすき間を押し潰してしまいかねないものでありもします。「ポピュラーカルチャー」の中にある〝ゆるさ〟という〝楽しさ〟についてはもっと考えていく必要があるでしょう。

読書案内

若手批評家が組織する限界研による『東日本大震災後文学論』（南雲堂、二〇一七年）は、震災後の文学の可能性と限界について徹底して考えようとする、熱くて、厚い批評論集。文学と批評がいかなる可能性を持ち、また、いかなる限界を持つのか、身をもって語ろうとしている。震災と文化の可能性を考えるにあたり、読んで考える意義がある本であるだろう。

気が付くと、お笑い芸人がやたらとテレビを覆い尽くしているようになった現在の状況を考えるのには太田省一『芸人最強社会ニッポン』（朝日新書、二〇一六年）が使える。つい最近まで（そして、いまも？）「ポピュラーカルチャー」の中心を成していた「テレビ文化」というものについて考えることもここから可能になるだろう。太田の『社会は笑う・増補版』（青弓社、二〇一三年）も、より原理的な考察が「お笑い」の歴史に対して行われており、刺激的な本である。

本章の最後に登場した作田啓一『恥の文化再考』（筑摩書房、一九六七年）は刊行からすでに五十年ほど経過しているが、いまでも読み継がれるべき、「大衆社会論」、「日本社会論」の傑作。感情という問題を、繊細にとらえ、そこから社会学を再構成しようとする。「日本社会」を具体的に考えることで、西洋理論の移植に留まらない新たな社会学を生み出そうとする気迫はいまなお学ぶべきものであるだろう。文学やスポーツなど幅広い事象を扱っており、文化を社会学的に考える際にも大きく参考になるはず。

見田宗介の『社会学入門』（岩波新書、二〇〇六年）は、本書の基本的な軸となった「虚構の時代」の議論を含む論集であるが、それにとどまらず、人間の未来にまで視点を広げた壮大な社会学書。社会学という学問が持つ可能性を限界まで押し広げようとしている。文化というものが持つ根源的な可能性を考えるためにも、読まれるべき本であるだろう。

注

（1）　北田暁大は、見田宗介が歌詞分析を行った『近代日本の心情の歴史』について、小川博司による、歌詞分析のよって大衆の心情に迫ることができる六三年という時期を選択しているという評価を受けながら、見田の同時代的な歌謡曲の無意識の回避の意味を語っている（北田　二〇〇五：九三―九四）。

（2）　二〇一六年は、『シン・ゴジラ』や『君の名は。』といった、震災のイメージを転用したようなアニメ・特撮などの「サブカルチャー」的「映画」が多く登場した。このことを、二〇一三年の「ポピュラーカルチャー」的な「テレビ」の活性化と絡めて考えてみるのはおもしろいことであるように思う。

（3）　ただ、これについてはよく話題になるようなＪＡＳＲＡＣによる著作権料徴収の激化という流れもありはするだろう。

（4）　しかし、このルックスと内面のギャップに対する愛着という構図は、「見た目重視主義」と同族意識によるナルシシズムの癒着という危うさをもったものであることも指摘されるべきであろう。

（5）　この〝微妙さ〟を楽しむコミュニケーションというものは、欠点を〝嗤う〟コミュニケーションと紙一重の危険さを持つものでもある。北田暁大『嗤う日本のナショナリズム』は、ネタとして行われていたはずのネットでの嫌韓発言などが、ベタなナショナリズムに変貌していく様を描きながら、この後者の側面の浮き上がりを二〇〇〇年代半ばに分析した書物である。

あとがき

――講義を終えて――

さまざまな「ポピュラーカルチャー」をこの講義の中では見てきました。とりあえず、今回の講義は、「ポピュラーカルチャー」の〝ゆるさ〟という楽しさを再発見したところで話を閉じようかと思います。この〝ゆるさ〟はいまも生きて、存在しているものです。文化というものは、〝生まじめさ〟の中ではつぶれてしまう、この〝ゆるさ〟や〝楽しさ〟というものを保持しうるものです。社会や社会問題を考える「社会学」という学問は気が付くと〝生まじめ〟なものになってしまいがちです。ですが、わたしたちの「みんな」という意識を構成するためには〝ゆるさ〟や〝楽しさ〟も重要なものであるはずです。「社会学」の中で、文化を考えるということは、この当たり前のことを思い出させてくれるものです。ぼくは「社会学」という学問それ自体が〝楽しい〟ものであると考えているので、「ポピュラーカルチャー」の〝楽しさ〟を考えるという作業の中で、「社会学」的にものを考えることの〝楽しさ〟も伝えることができていれば、この講義は成功したなと思えます。

今回の授業では、「ポピュラーカルチャー」の「歴史」と「現在」を自分なりの仕方で描き出すということをしてみました。ただ、「歴史」も「現在」も、その観点と描きだし方によって、さまざまに姿を変えるものです。実際のところ、この講義でも、紙幅の都合で、扱う過去の対象を絞りましたが、この選択が変われば、また違う「歴史」の姿が描かれうるでしょうし、その「歴史」との関係から見えてくる「現在」の姿も変わってくることでしょう（ちなみに、当初考えていた案の中には、今回扱ったものの他に、ＤＪカルチャー、テレビゲーム、格闘技、怪獣などが入っていました。これらは「男の子っぽさ」が強い文化であり、これらを入れることで話の展開は幾分か、変化した気もします。これらについてはまた、書く機会を探りたい気分もあります）。みなさんも、自分の興味ある「ポピュラーカルチャー」について調べてみて、そこから、自分を取り巻く文化環境の背景について考えてみると、おもしろいのではないでしょうか。おそらく、これまで見えていたものとはちょっと違った現在の見え方が生まれてくると思います。

この本では、架空の講義録というスタイルを選択してみたのですが、いざ書きはじめてみると、予想していたのとはまったく違った大変さがありました。正直なところ、講義で話しているような話をそのまま書いていけばよいかと思っていたのですが、「しゃべっているように書くこと」は、「しゃべること」と「書くこと」のどちらともまったく別のものであり、普段、自分が使っている話の構成や説明のスタイルと微妙に異なる感覚が必要であることに気付かされ、相当苦労することになりました。これまで自分が使ってきた思考法の中で、意識しないままにごまかしてきた論理のスキップなどに気付く部分もあり、この書き方をしたことは、自分にとって大きな勉強になったと思います。

また、データベース的な環境においては、どこまでいっても「すべて」がわかったという感触が横滑りしていくというお話をしましたが、これもまた、今回の執筆で強く感じたことです。〝大体、この辺で調べ物を終え、書きはじめよう〟と思っても、執筆中でも図書館やネット書店にすぐ接続し、情報チェックが可能な環境では、〝やはりこれも読んでおかねば〟とか〝ここまで調べる範囲を広げておいた方がよいのではないか〟という不安が絶えず湧いてきてしまい、その不安を言い訳にして、書く作業を先延ばしにすることが続いてしまいました。ネット的な「無限」が生み出す軽い神経症的な状態ですね。文化というのは無限に等しい広大な空間であるので、どこで、話を閉じる覚悟を決めるのか、そのことには相当、悩みました。

そんな次第で、もう少し、早く書き終わるだろうと予想しつつ、自分の読みの甘さや過信を反省する日々でした。編集の井上芳郎さんには大きなご迷惑をおかけしてしまったのではないかと思います。また校正をしていただいた石風呂春香さんにも、粗い原稿と悪筆でご迷惑をおかけしました。申し訳ありませんでした。そして、ありがとうございました。この遅れが、この本を少しでも、良い方向にもっていってくれていればよいのですが……。

また、さまざまなタイミングでこの原稿にコメントをしてくれた佐藤裕亮くん、神保勇揮さん、升本雄大さん、牛場弥文くん、そして片上歩弥さんにお礼を申し上げます。

というわけで、この講義を終えたいと思います。ここまで読んでくれたみなさん、どうもありがとうございました！　感想など、聞かせていただけるとありがたいです。またどこかでお会いできることを楽しみにしています。

参考文献

浅野智彦［2015］『「若者」とは誰か　増補新版』河出書房新社.
東浩紀［2001］『動物化するポストモダン』講談社.
東浩紀，北田暁大［2007］『東京から考える』NHK 出版.
Bauman, Z.［2000］*Liquid modernity*, Polity Press.（＝2001，森田典正訳『リキッド・モダニティ』大月書店）.
boyd, d.［2014］*It's Complicated*, Yale University Press.（＝2014，野中モモ訳『つながりっぱなしの日常を生きる』草思社）.
土井隆義［2008］『友だち地獄――「空気を読む」世代のサバイバル』筑摩書房.
円堂都司昭［2015］『戦後サブカル年代記』青土社.
古池田しちみ［1999］『月 9 ドラマ青春グラフィティ』同文書院.
Gebler, N.［2006］Walt Disney. knopf（＝2007，中谷和男訳『創造の狂気　ウォルト・ディズニー』ダイヤモンド社）.
限界研編［2017］『東日本大震災後文学論』南雲堂.
グループ T・K 編［1989］『絶対に行ってみたい!!　タレント Shop 大集合』日東書院本社.
初見健一［2012］『ぼくらの昭和オカルト大百科』大空出版.
初見健一［2014］『昭和ちびっ子未来画報』青幻舎.
長谷川宏［1999］『ヘーゲル『精神現象学』入門』講談社.
速水健朗［2007］『タイアップの歌謡史』洋泉社.
Hegel, G. W.［1807］［2012］*Phänomenologie des Geistes*, Suhrkamp（＝1997，樫山欽四郎訳『啓精神現象学』平凡社）.
堀井憲一郎［2006］『若者殺しの時代』講談社.
Horkheimer, M, Adorno, T. W.［1947］［1988］, *Dialektik der Aufklärumg*, Fischer Taschenbuch Verlag.（＝2007、徳永恂訳『啓蒙の弁証法』岩波書店）.
細野晴臣［1984］『レコード・プロデューサーはスーパーマンをめざす』徳間書店.
井上俊［1977］『遊びの社会学』世界思想社.
川崎賢一，浅野智彦編著［2016］『〈若者〉の溶解』勁草書房.
菊屋たまこ，中田健二［2009］『懐かしのトレンディドラマ大全』双葉社.
君塚太［2016］『TOKYO ROCK BEGININGS』河出書房新社.
北田暁大［2005］『嗤う日本のナショナリズム』日本放送出版協会.
北川悦吏子［1994］『あの頃の君に逢いたい――あすなろ白書ノート』フジテレビ出版.
小林まこと［2008］『青春少年マガジン1978～1983』講談社.
小池壮彦［2000］『心霊写真』宝島社.
小松克彦編［1999］『That's テレビドラマ 90's』ダイヤモンド社.

小室哲哉［2009］『罪と音楽』幻冬舎.

小谷敏［1998］『若者たちの変貌』世界思想社.

栗原彬［1994］『やさしさのゆくえ　現代青年論』筑摩書房.

栗原彬［1996］『増補新版　やさしさの存在証明』新曜社.

前田亮一［2016］『今を生き抜くための70年代オカルト』光文社.

巻来功士［2016］『連載終了！　少年ジャンプ黄金期の舞台裏』イースト・プレス.

マキタスポーツ［2014］『すべてのJ-POPはパクリである』扶桑社.

松任谷由実［1984］『ルージュの伝言』角川書店.

見越敏宏［2008］『私が愛したヒバゴンよ永遠に』文芸社.

見田宗介［1996］『現代社会の理論』岩波書店.

見田宗介［2006］『社会学入門』岩波書店.

見田宗介［2012］『定本　見田宗介著作集　第Ⅴ巻　現代化日本の精神構造』岩波書店.

宮台真司，石原英樹，大塚明子［2007］『増補　サブカルチャー神話解体』筑摩書房.

宮沢章夫［2006］『東京大学「80年代地下文化論」講義』白夜書房.

宮沢章夫［2014］『NHK　ニッポン戦後サブカルチャー史』NHK出版.

森達也［2003］『放送禁止歌』光文社.

毛利嘉孝［2012］『増補　ポピュラー音楽と資本主義』せりか書房.

村井純［1995］『インターネット』岩波書店.

なぎら健壱［1999］『日本フォーク私的大全』筑摩書房.

中川右介［2016］『月9――101のラブストーリー』幻冬社.

中野収［1985］『若者文化の記号論』PHP研究所.

中野収［1997］『戦後の世相を読む』岩波書店.

難波功士［2007］『族の系譜学――ユース・サブカルチャーズの戦後史』青弓社.

ナンシー関，町山広美［2001］『隣家全焼』文藝春秋.

野火ノビタ［2003］『大人は判ってくれない――野火ノビタ批評集成』日本評論社.

岡林信康［1991］『伝説信康』小学館.

岡林信康［2010］『岡林信康読本』音楽出版社.

奥村隆［2014］『社会学の歴史Ⅰ』有斐閣.

大木晴子，鈴木一誌編著［2014］『1969　新宿西口地下広場』新宿書房.

大澤真幸［2009］『増補　虚構の時代の果て』筑摩書房.

大多亮［1996］『ヒットマン――テレビで夢を売る男』角川書店.

太田省一［2013］『社会は笑う・増補版』青弓社.

太田省一［2016］『芸人最強社会ニッポン』朝日新聞出版.

大塚英志［1988］『まんがの構造――商品・テキスト・現象　増補新版』弓立社.

柴門ふみ［2011］「拓郎に恋をしていた」（『東京人』300号所収）都市出版.

斎藤美奈子，成田龍一編［2016］『1980年代』河出書房新社.

斉藤環［2014］『ヤンキー化する日本』角川書店.

斉藤環［2015］『世界が土曜の夜の夢なら　ヤンキーと精神分析』角川書店.
作田啓一［1967］『恥の文化再考』筑摩書房.
佐々木敦［2014］『ニッポンの音楽』講談社.
佐藤俊樹［2010］『社会は情報化の夢を見る』河出書房新社.
さやわか［2014］『一〇年代文化論』星海社.
柴那典［2016］『ヒットの崩壊』講談社.
Stoll, C.［1995］*Sillicon Snake Oil*, Doubleday（＝1997，倉骨彰訳『インターネットはからっぽの洞窟』草思社）.
Strininati, D.［1995］*An Introduction to Theories of Popular Culure*, Routledge（＝2003，渡辺潤，伊藤明己訳『ポピュラー文化論を学ぶ人のために』世界思想社）.
杉田俊介［2005］『フリーターにとって「自由」とは何か』人文書院.
鈴木洋仁［2014］『「平成」論』青弓社.
鈴木雅雄、中田健太郎編［2017］『マンガ視覚文化論：見る、聞く、語る』水声社.
立花隆［1997］『インターネットはグローバル・ブレイン』講談社.
高石ともや［2008］「俺に期待しないでくれ！」（週刊文春編『フォークソング　されどわれらが日々』所収）文藝春秋.
辻信太郎［2000］『これがサンリオの秘密です。』扶桑社.
鶴見俊輔［1999］『限界芸術論』筑摩書房.
烏賀陽弘道［2005］『Jポップとは何か――巨大化する音楽産業』岩波書店.
宇野維正［2016］『1998年の宇多田ヒカル』新潮社.
渡邉大輔［2012］『イメージの進行形』人文書院.
Williams, R.［1976］*Keywords*, Harper Collins（＝2011，椎名美智，武田ちあき，越智博美，松井優子訳『完訳キーワード辞典』平凡社）.
山本素石［2016］『逃げろツチノコ』山と渓谷社.
山根一眞［1981］『変体少女文字の研究』講談社.
柳澤健［2009］『完本　1976年のアントニオ猪木』文藝春秋.
柳下毅一郎［2003］『興行師たちの映画史』青土社.
吉川徹［2014］『現代日本の「社会の心」』有斐閣.
吉見俊哉［2012］『声の資本主義――電話・ラジオ・蓄音機の社会史』河出書房新社.
吉見俊哉［2012］『メディア文化論　改訂版』有斐閣.
ゆかしなもん［2017］『'80s ガーリーデザインコレクション』グラフィック社.

NHK アーカイブス①［2003］『夢と若者たちの群像』双葉社.
ぴあ MOOK［2014］『小室哲哉ぴあ　TK 編』ぴあ.
サンエイムック［2016］『完全保存版キン肉マン大解剖』三栄書房.
三和実業出版部［1989］『タレント・ショップ・ガイド』皆美社.

《著者紹介》

片上 平二郎（かたかみ　へいじろう）

1975年　東京生まれ
1998年　上智大学理工学部化学科卒業
2000年　立教大学社会学部社会学科卒業（学士入学）
2002年　慶應義塾大学大学院社会学研究科社会学専攻（修士課程）修了
2007年　立教大学大学院文学研究科比較文明学専攻（博士後期課程）修了
2010年～2015年　立教大学文学部文学科文芸思想専修　助教
現　在　立教大学社会学部社会学科　准教授
理論社会学（主に批判的社会理論），現代文化論

主な論文は「肯定のまぶしさ，そして，あやうさ」（『現代思想』43-19号「総特集：見田宗介＝真木悠介」），「「移行期」の思想　作田啓一と見田宗介の「個人」への問い」（奥村隆編『作田啓一 VS. 見田宗介』弘文堂），著書に『アドルノという「社会学者」 社会の分光と散乱する思想』（晃洋書房）など．

「ポピュラーカルチャー論」講義
――時代意識の社会学――

2017年７月20日　初版第１刷発行
2019年４月25日　初版第２刷発行

＊定価はカバーに表示してあります

著　者　片　上　平二郎©
発行者　植　田　　実
印刷者　藤　森　英　夫

発行所　株式会社　晃　洋　書　房
〒615-0026　京都市右京区西院北矢掛町７番地
電話　075（312）0788番㈹
振替口座　01040-6-32280

装丁　クリエイティブ・コンセプト　　印刷・製本　亜細亜印刷㈱
ISBN978-4-7710-2898-2